Kirsten Elsner-Schichor

111 Orte im Nordschwarzwald, die man gesehen haben muss

111

emons:

Bibliografische Information der Deutschen Nationalbibliothek
Die Deutsche Nationalbibliothek verzeichnet diese Publikation in der Deutschen Nationalbibliografie; detaillierte bibliografische Daten sind im Internet über http://dnb.d-nb.de abrufbar.

FSC
www.fsc.org
MIX
Papier | Fördert gute Waldnutzung
FSC® C083411

Covergestaltung: Karolin Meinert
Lektorat: Julia Lorenzer
Gestaltung: Eva Kraskes, nach einem
Konzept von Lübbeke | Naumann | Thoben
Kartografie: altancicek.design, www.altancicek.de
Kartenbasisinformationen aus Openstreetmap,
© OpenStreetMap-Mitwirkende, ODbL
Druck und Bindung: CPI – Clausen & Bosse, Leck
Printed in Germany 2024
ISBN 978-3-7408-2125-8

Vorwort

Der Schwarzwald – Deutschlands größtes Mittelgebirge im Südwesten. Da muss man ranzoomen, sonst sieht man den Wald vor lauter Bäumen nicht. Früher wurde er zweigeteilt in Nord und Süd, die Grenze dazwischen bildete das quer verlaufende Kinzigtal. Das ist greifbar, erschließt sich auf Karten sofort. Heute nimmt man eine Dreiteilung vor. Das obere Drittel bildet den Nordschwarzwald: von Karlsruhe / Pforzheim bis Renchtal / Freudenstadt, von Baden-Baden bis Alpirsbach. Die naturräumlichen Grenzen entsprechen aber nicht den politischen, zusätzlich umschließt weite Teile der Naturpark Schwarzwald Mitte / Nord, in dem sich der Nationalpark Schwarzwald befindet – vielschichtig.

Der Charme dieser Region ist jedoch grenzenlos und offenbart sich oft erst im Kleinen: in historischen Gassen, mitten im Wald, auf grünen Wiesen, zwischen Heidelbeersträuchern, an erfrischenden Ufern, auf zerklüfteten Felsvorsprüngen oder mitten in Pforzheim – einer völlig unterschätzen Stadt, multikulturell und mit sehr sympathischen Ecken. Sie ist eines der Tore in den waldreichen nördlichen Schwarzwald.

Holz ist der Stoff, aus dem er gemacht ist. Das zeigt sich von den vielen Aussichtstürmen, erkennt man an den mit Schindeln verkleideten Häusern, lernt man in den Museen, riecht man am Sägeplatz und im Wald. Oft scheint die Zeit stehen geblieben zu sein, wird aber von moderner Kreativität aufgemischt. Der schwarze Wald zeigt sich bunter als erwartet. Eingestaubt Geglaubtes erfährt behutsame Wandlung, es weht frischer Wind durch lauschige Täler und über die Grindenhochflächen an der Schwarzwaldhochstraße. Man trifft auf verwaiste Hotelvillen glanzvollerer Tage genauso wie auf jungen Nordschwarzwälder Stil. Wer Lust auf Wald, Bachplätschern, Artenvielfalt, Bewegung und äußerst leckere Schwarzwaldküche zwischen Bachforelle und Tortengenuss hat, der kann hier vieles entdecken. Auch für alte Hasen ein weites Feld.

111 Orte

1 Die Glaswiesen

Aus dem Glas getrunken wird am Kloster

Obwohl so ortsnah, ist das Naturschutzgebiet Glaswiesen und Glaswald ein wirklich schönes Biotop. Über die Spitalstraße immer aufwärts, gelangt man sehr schnell in totale Abgeschiedenheit. Direkt am Wanderparkplatz kann man sich an der Informationstafel schon etwas einstimmen auf die Flora und Fauna, es gibt viel zu sehen in den Wiesen. Aber nicht nur dort, denn am Parkplatz entdeckt man bereits einen abgesperrten Stolleneingang. Er gehört vermutlich zu den ehemaligen Gruben Wolfgang und Eberhard.

Im 18. Jahrhundert wurde hier unter anderem Kobalt für die Farbenherstellung gefördert. Das brachte den Alpirsbachern einst Wohlstand, der später aber wieder verblich. Im 19. Jahrhundert gab es große Armut, und viele wanderten nach Amerika aus. Heute kommen umgekehrt Amerikaner zu Besuch nach Alpirsbach, denn die Brauerei der Stadt ist berühmt für ihr kräftiges Klosterbräu.

Den »Kleinen Mönch« oder ein Glas aus der alkoholfreien Palette lässt man sich am besten nach der Rundwanderung unten in der Stadt schmecken. Erst mal geht es in die Natur, und zwar immer am Alpirsbach entlang. Die Strecke verläuft schön schattig unter hohen alten Bäumen, immer mit dem Gurgeln des Bachs am Wegesrand im Ohr. Das ist vor allem im Sommer sehr erfrischend. Man passiert ein kleines Staubecken, und links und rechts wachsen prachtvolle Farne und Moose unter den Tannen und Fichten. Wenig später öffnet sich der Wald, und die Feuchtwiesen breiten sich vor einem aus. Der Weg führt leicht erhöht am Waldrand entlang, man hört nichts außer Grillen, Frösche und Vögel.

In den Glaswiesen fällt der große Schmetterlingsreichtum auf, mit Glück kann man unterwegs Orchideen, Feuersalamander oder Eisvögel erspähen. Wendepunkt der Tour ist die Karlsquelle mit Schutzhütte und Feuerstelle. Ideal, wenn man eher spazieren als wandern und trotzdem in die Natur eintauchen möchte. Dann geht es entweder auf demselben Weg oder auf der anderen Talseite zurück.

Adresse Wanderparkplatz Glaswald, 72275 Alpirsbach | **Anfahrt** von der B 294/B 462 im Ortskern von Alpirsbach auf die Spitalgasse abbiegen und dieser bis zum Wanderparkplatz folgen | **Tipp** Richtung Dornhan liegt ein anderes kleines Naturparadies zum Wandern: die Aischfelder Wasserfälle.

2 Der Postkarten-Blick

... auf »die Schönste im Nordschwarzwald«

Es ist wie bei der Sesamstraße, in der durch Grobi sensationell erklärt wurde, was »nah« und »fern« bedeutet. Aber: Er hat nicht erwähnt, dass weit weg manchmal besser ist als ganz nah. Gemeint ist, dass Altensteig von weiter weg sogar noch imposanter wirkt als in den Gassen der Altstadt. Gewusst, wo!

In diesem Fall befindet sich der ideale Ort an der Ecke Steinäcker / Egenhauser Straße. Dort liegt ein Parkplatz, von dem aus man den perfekten Blick hat. Auf was genau? Auf eine Stadt, deren Gebäude wie in einer Puppenstube oder einer Modellbaulandschaft angeordnet sind: Häuschen an Häuschen von Weiß über Gelb bis Rosé mit rotbraunen Dächern am gegenüberliegenden Hügel. Ganz oben thronen das Alte Schloss und die Stadtkirche. Diesem Blick kann man sich einfach nicht entziehen, ein Postkarten-Motiv!

Und aus der Nähe? Präsentiert sich eine malerische mittelalterliche Altstadt par excellence. Als Schutzburg im 13. Jahrhundert erbaut, scharte das Alte Schloss kreisförmig unzählige Fachwerkhäuser um sich, verbunden durch kleine Gassen und jede Menge Treppenstufen innerhalb der ehemaligen Stadtmauer – daher der Spitzname »Stäffeles-Stadt«. Es wird sogar in jedem zweiten Jahr ein steiler Stäffeles-Lauf veranstaltet, wobei mehr als 800 Stufen bewältigt werden müssen – »das härteste Rennen im Nordschwarzwald«. Danach werden die Teilnehmer beim »Alstadthocketse«, dem Altstadtfest, gefeiert.

Gerberei und Flößerei waren traditionelle Berufe im Städtchen an der Nagold. Mehr zur Stadtgeschichte erfährt man im Museum des Altenberger Schlosses. Eigentlich ist es ein Wunder, dass die Stadt so gut erhalten geblieben ist. Weder Brände noch Kriege rückten ihr auf die Pelle. Nur das »Altensteigerle« rückte täglich an: eine rund 15 Kilometer lange Schmalspurbahn, die zwischen 1891 und 1967 von Nagold aus hierherzuckelte. Vielleicht mal eine Postkarte aus Altensteig schreiben?

Adresse Parkplatz Ecke Steinäcker / Egenhauser Straße, 72213 Altensteig, www.altensteig.de | Anfahrt von Altensteig südlich in Richtung Egenhausen fahren, Parkplatz kurz vor der Kreuzung mit der Straße Steinäcker | Öffnungszeiten Schlossmuseum: Mi, So 14–17 Uhr | Tipp Ein interessantes Kunstkleinod ist die Kunsthalle Altensteig. Dort stellen Künstler der Umgebung aus, es gibt Workshops und Veranstaltungen (Poststraße 68, Sa 10–14 Uhr, So 13–17 Uhr).

3 Der Dahliengarten

Wer ist die Schönste im ganzen Land?

Zur Blütezeit der Dahlien traut man im Kurpark von Bad Herrenalb seinen Augen kaum. Das Dahlien-Areal ist gar nicht riesig, aber es hat umso mehr »Oho«-Momente! Die Sortenvielfalt ist enorm, und man kann sich nicht sattsehen am Blütenreichtum. Die Korbblütler sind mal kugelig und in Pomponform, mal flach und groß, mal üppig fiedrig, mal geflammt oder gezackt. Es gibt kaum eine Blumenart, die farbenfroher blüht, von Gelb über Rosa zu Orange bis Dunkelrot.

Mehr als 35.000 Dahlienarten existieren heutzutage – unglaublich! In Bad Herrenalb bekommt man tatsächlich einen kleinen Eindruck davon, dass sie stark variieren. Man weiß gar nicht, was man zuerst fotografieren soll in diesem Blütenmeer. Es ist ein tolles Gefühl, mittendrin zu stehen und die Farben auf sich wirken zu lassen. So ist es fast unmöglich, sich für eine Lieblingsdahlie zu entscheiden.

Kurz vor dem ersten Frost wird die Blumenpracht jedoch abgeräumt, die empfindlichen Pflanzenknollen werden trocken verstaut. Ausgepflanzt werden sie erst wieder Anfang Mai nach den Eisheiligen, und vermehrt werden sie durch das Saatgut aus den Samenständen. Rund ums Jahr ist also genug zu tun.

Die Gartenschau 2017 tat Bad Herrenalb gut, denn der Kurpark wurde neu gestaltet und die Alb in Teilen renaturiert: ein frisches, offenes Gelände mit abwechslungsreichen kleinen Themenbereichen, Besonderheiten, Skulpturen, Albufer-Oasen und einem Hängematten-Bereich. Man glaubt es kaum, aber die robusten, wetterfesten und kostenlosen Hängematten mit Holzgestellen werden sehr rege zum »Abhängen« benutzt. Man muss aufpassen, noch eine zu erwischen! Das Schöne ist: Man sieht oft drei Generationen familiär vereint durch den Park schlendern, er bietet für alle Altersgruppen etwas. Ein grüner Wohlfühl-Freiluftraum mit Kurhaus, Restaurant und gelegentlichem Tanztee. Da blüht so mancher Kurgast auf wie die Dahlien in unmittelbarer Nähe.

Adresse Kurpark, 76332 Bad Herrenalb, www.badherrenalb.de | Anfahrt von Ettlingen auf der L 564 durch das Albtal in Richtung Bad Herrenalb, Kurpark an der Ortsdurchfahrt | Tipp Ein anderer Chill-out-Bereich ist die Siebentäler Therme in Bad Herrenalb mit Badebereich, Saunen und Dampfbad (Schweizer Wiese 9).

4 Das Grenzerfahrungshäusle

Zwischen Klöstern und Kanonenkugeln

Es liegt zwischen Frauenalb und Herrenalb, zwischen Baden und Württemberg, zwischen friedvollen Klöstern und Kanonenkugeln. Ein Mikrokosmos am Graf-Rhena-Weg, große Themen im Kleinen, eine wahre Grenzerfahrung. Durch eine kleine Kurbel im Zollhäusle kann man eine historisch-fiktive »Beichte« akustisch erleben.

Das Königreich Württemberg und das Großherzogtum Baden gehen auf Napoleon Bonaparte zurück. Mit Gründung des Deutschen Kaiserreiches im Jahre 1871 partizipierten sie dort als teilsouveräne Mitgliedsstaaten, mit Gründung der Bundesrepublik Deutschland wurden sie zusammen mit dem Land Hohenzollern zum Bundesland Baden-Württemberg vereint. Die Grenze zwischen den beiden Monarchien verlief mitten durch den Enzkreis, unverrückbare Grenzsteine markierten ihren Verlauf.

Im Albtal zankten sich die Herrschenden immer wieder um die Vorherrschaft über die beiden Klöster. Sie waren Gründungen der Ebersteiner, die später von den badischen Markgrafen beerbt wurden. Das Kloster Herrenalb war relativ unabhängig mit eigener Gerichtsbarkeit. Und dennoch, die Klöster waren oft umkämpft, die Schirmherrschaften wechselten. Nach der Reformation wurde Herrenalb württembergisch, Frauenalb blieb badisch, musste sich aber immer wieder zwischen den Häusern Baden-Baden und Baden-Durlach behaupten. Heute gehört Frauenalb zum Kreis Karlsruhe und Herrenalb zu Calw.

Die historische Grenze zwischen Baden und Württemberg macht sich immer noch bei Vermessungsaufgaben bemerkbar, da jeweils unterschiedliche Koordinatensysteme verwendet wurden. Da müssen manchmal uralte Urkunden als Referenz herhalten. Unweit und auch am Graf-Rhena-Weg findet man bei Marxzell zwei in einen Felsen eingeschlagene Kanonenkugeln. Nach der Schlacht bei Malsch gegen die Franzosen zog Erzherzog Karl mit österreichischen Truppen im Juli 1796 durch das Albtal. Spuren des Krieges – auch Grenzerfahrungen.

Adresse Klosterpfad, Station 7, Graf-Rhena-Weg, 76332 Bad Herrenalb, www.badherrenalb.de | Anfahrt von Ettlingen auf der L 564 durch das Albtal in Richtung Bad Herrenalb, am Kreisel Richtung Bernbach abbiegen, Start des Klosterwegs am Waldrand an der Bernbacher Straße, dort Mündung des Bernbachs in die Alb | Tipp Vielleicht gelüstet es einen nach so viel Klosterthematik nach einem »Klosterpfännle« in mittelalterlichem Ambiente in der Klosterscheuer in Bad Herrenalb mit badischen und schwäbischen Spezialitäten (Im Kloster 14, www.klosterscheuer.de).

5 Das Waldfreibad

... und der Schwarzwaldstrand

Hört sich nach Strandbad an, täuscht aber, denn es handelt sich um zwei sehr unterschiedliche Wohlfühleinheiten. Das eine ist ein öffentliches Freibad in schöner Höhenlage. Das andere ist ein Feriendomizil mit Strandbereich direkt an der Alb und war einst Teil der Brauerei von Bad Herrenalb. Und dann ist da auch noch der Erlebnis-Campingplatz.

Aber eins nach dem anderen. Schon der mit Holz verkleidete und in weißer Farbe strahlende Eingangsbau des Waldfreibads aus den Jahren 1929/30 ist einladend schön. Gebaut wurde es als eines der ersten im Nordschwarzwald, weil man erkannt hatte, dass zu viele Menschen nicht schwimmen konnten. Das ist auch heute noch ein Thema und nach den Schulsportausfällen durch die Corona-Lockdowns aktueller denn je. Auch deshalb unterstützt die Interessengemeinschaft FreiBadHerrenalb den Erhalt dieses schönen Bades, das trotz einer Renovierung in den 1960er Jahren in den 1980er Jahren völlig marode war. Generalsanierungen und moderne Technik retteten es. Das Besondere: Eine eigene Quelle speist die großen Becken. Es gibt ein 25-Meter-Becken, einen Sprungturm, einen Nichtschwimmerbereich, eine Erlebnisrutsche und ein Kleinkinder-Planschbecken. Alles umrahmt von viel Schwarzwald. Herrlich!

Zum Schwarzwaldstrand: Das L-förmige, modern gestaltete Haus mit viel Holz beinhaltet drei Ferien-Wohneinheiten. Das etwa 50 Meter lange Flussufer der Alb wurde behutsam mit Buntsandstein und hellem Strandsand integriert – das kann sich sehen lassen! Die marode Bausubstanz der einstigen Klosterbrauerei Mönch im Bleichweg hingegen ließ nur eine Option: den Abriss. An dieser Stelle lag einst der »Eissee« jener Brauerei.

Und der Campingplatz? Er bietet Camping, Caravaning, Miet-Holzhütten und Outdoor-Abenteuerprogramme mit der Adventure World Albtal-Arena. Und trotzdem ist es hier so ruhig, dass man mit Glück die seltenen Wasseramseln an der Alb beobachten kann.

Adresse Schwimmbadstraße 34, 76332 Bad Herrenalb, www.badherrenalb.de, www.schwarzwaldstrand.de, www.albtal-arena.de | **Anfahrt** von Ettlingen auf der L 564 durch das Albtal in Richtung Bad Herrenalb, am 2. Kreisel Richtung Loffenau/Gernsbach, dann links in die Schwimmbadstraße abbiegen | **Öffnungszeiten** Mai–Sept. täglich 10–20 Uhr | **Tipp** An der Alb entlang kann man auf dem »Quellenerlebnispfad Bad Herrenalb« bis zum Landgasthof Zur Spechtschmiede auf dem Zieflensberg wandern (www.spechtschmiede.de).

6 Die Wunderkiefer

Das Paradies zwischen Ruine und Rindsledernen

Die wenigsten im gar nicht so fernen Karlsruhe kennen das Paradies in Bad Herrenalb – und schon gar nicht die stattliche »Wunderkiefer«. Man muss den Blick schon in himmlische Höhen lenken, um sie in der als Paradies bezeichneten romanischen Vorhalle des einstigen Zisterzienserklosters auf der historischen Klostermauer bewundern zu können. Scheinbar nur von Luft und Liebe genährt, hat die 200 Jahre alte Schönheit ihre Wurzeln durch die Mauerritzen auf der Suche nach Wasser und Nährstoffen bis ins Erdreich getrieben. Es ist ein kraftvoller Ort, der zeigt: Die Natur erobert sich letztlich alles zurück.

Es ist unbedingt empfehlenswert, nach dem Besuch der Wunderkiefer die Stille der Klosterkirche auf sich wirken zu lassen. Touristisch ist sie eine runde Sache, zumal sie durch zahlreiche Jugendstilelemente und eine Generalsanierung im Jahr 1903 ein sehr sehenswertes Inneres aufweist. Jahrhundertelang war die Kirche Zankapfel zwischen den Machthabenden der Württemberger und derer von Baden.

In direkter Nachbarschaft gesellt sich Bajuwarisches hinzu. Im Traditionshaus »Trachten Pfeiffer Mode« findet man alpinen Lifestyle: Lederhosen, Dirndl, Blusen, Janker. Dies ist sicherlich einer der nördlichsten Trachtenläden im Nordschwarzwald, er präsentiert sich bunt, obwohl in der hiesigen Tracht traditionell die Farbe Schwarz dominiert. Trachten sind in Mode, Oktoberfeste ebenso, und dort ist eher Farbenfrohes gefragt. Es gibt im Schwarzwald übrigens sogar Haute-Couture-Trachten, zum Beispiel von Kim Schimpfle in Freiburg – ein weites Feld der Kreativität.

Ein weites »Kulturfeld« ist auch der nahe Kurpark mit einer mäandrierenden Alb, Sitzplatz-Terrassen am Wasser, Kunstobjekten, einem Café, Hängematten und vielem mehr. Seit der Umgestaltung zur Landesgartenschau 2017 hat sich der Kurpark zu einer modernen Oase entwickelt und ist dem angestaubten Klischee angenehm entrückt.

Adresse Im Kloster, 76332 Bad Herrenalb, www.badherranalb.de | Anfahrt von Ettlingen auf der L 564 durch das Albtal in Richtung Bad Herrenalb, am 2. Kreisel Parkplatz suchen, Bereich um die Klosterkirche Fußgängerzone | Öffnungszeiten Klosterkirche: Di–So 10–17 Uhr | Tipp Die Villa Lina gleich um die Ecke im Weg zur Schanz 1 ist ein hübsch gelegenes Restaurant mit französischem Flair, Biergarten und Gästehaus. Alternativ liegt schräg gegenüber das Eiscafé La Vita (Sägwasenplatz 1).

7_Der Schwalbenhof

Der wohl nördlichste Schwarzwälder Almauftrieb

Das Wort »Almauftrieb« bezeichnet das Bringen von Weidevieh auf die Sommer-Bergwiesen. Früher war das oft eine mehrtägige Angelegenheit mit vielen Treibern vom Stall bis zu den hoch gelegenen Sommerweiden. Beim Alpaufzug wurden den Kühen große Glocken umgehängt, bei der Alpabfahrt wurden die Tiere regional unterschiedlich geschmückt. Heute wird das oft mit Viehtransportern erledigt, aber in manchen Gegenden hat sich der festliche Brauch erhalten, zum Beispiel im Schweizer Appenzellerland.

Heiko Duss vom Schwalbenhof hat die Tradition aus dem österreichischen Vorarlberg, wo er auch schon Kühe gemolken hat, in den Nordschwarzwald transferiert. Beim Almabtrieb in Neusatz – der in diesem Fall aber richtigerweise Almauftrieb heißen muss, da die Langenalber Sommerweiden niedriger liegen – geht es darum, eine Herde von 20 bis 30 Limousin-Mutterkühen samt Kälbern sicher zurück zum Schwalbenhof in den Neusatzer Stall zu treiben. Diese etwa acht Kilometer in voller Herdenstärke zu überwinden ist schweißtreibend und manchmal nervenaufreibend für die Viehtreiber. Kühe sind neugierige Lebewesen mit eigenem Kopf und Charakter, da muss man aufpassen, dass kein Tier verloren geht.

Der Schwalbenhof ist ein landwirtschaftlicher Familienbetrieb, der bereits in dritter Generation auf einer Fläche von rund 100 Hektar Grünland geführt wird, mit dem Schwerpunkt auf Kälberaufzucht und Bullenmast, um damit als Direktvermarkter im Großraum Karlsruhe zu wirtschaften. Zum Hof gehören außerdem Geflügelzucht, Schweine und moderne Hühnerställe mit frei laufenden Hennen. Im Hofladen werden ausschließlich regionale Erzeugnisse sowie das Fleisch aus eigener Herstellung, sogar aus dem eigenen Geflügelschlachthaus, angeboten.

Der jährliche Viehtrieb im Oktober wird von einem schönen Hoffest begleitet, bei dem der Musikverein Langenalb aufspielt und Gäste mit Speis und Trank bewirtet werden.

Adresse Uhlandstraße 2, 76332 Bad Herrenalb-Neusatz, www.schwalbenhof-gbr.de | Anfahrt von Ettlingen auf der L 564 durch das Albtal in Richtung Bad Herrenalb, am Kreisel Richtung Rotensol/Neusatz über die Serpentinen in den Höhenstadtteil, in Neusatz auf die K 4330 abbiegen, dann dem Schild Schwalbenhof folgen | Öffnungszeiten Hofladen: Do, Fr 15–18 Uhr, Sa 10–13 Uhr | Tipp Man würde es nicht hier oben vermuten, doch es existiert schon lange, und das Gebäude fällt durch seine runde Form auf: Seit 65 Jahren wird in der Waldseestraße 29 in den Bereichen Steuerrecht, Betriebswirtschaft und Wirtschaftsrecht fortgebildet (www.akademie-henssler.de).

8 Die Talwiese

Brunnen, Baumhaus, Wildkatzen und Schänke

Ein Ort, der Allgäu-Feeling vermittelt, lediglich 30 Autominuten von Karlsruhe entfernt. Der Buntsandsteinbrunnen mit Tränke am oberen Rand der Talwiese ist klassisch und wunderschön. In seinem Wasser spiegelt sich an sonnigen Tagen herrlich der blaue Himmel. Manchmal grasen hier Rinder, manchmal wandern Gruppen vorbei, manchmal genießt man einfach die Sonne, manchmal wird gerodelt, der Lift angeworfen oder die Rundloipe genommen.

Am Waldrand direkt hinter dem Brunnen startet der Wildkatzenpfad, ein Qualitätsweg auf den Spuren der extrem scheuen Waldbewohner. Ein abwechslungsreicher Pfad, der ganz unterschiedliche Landschaften bietet. Im Wald am Startpunkt fällt als Erstes das hängende Baumhaus auf, ein drei Meter hoher Schlafplatz mit LED-Licht, Handyladestation und Komposttoilette. Der beschriebene Brunnen liefert Brauchwasser, alles andere muss man selbst mitbringen. Der Kokon öffnet sich über einen Zugangscode – ein modernes Outdoor-Erlebnis.

Der Wildkatzenpfad folgt dem Hülsgraben wie einer Levada auf Madeira und schwingt sich langsam abwärts zur Alb. Die wird raffiniert überquert. Mit Wildkatzen-Rätselaufgaben geht es durch den Wald und über die Vogelwiesen hinunter zu einer markanten Felsgruppe, dann übers hölzerne Albbrückle und auf einem Waldweg zurück hinauf zur Talwiese. Eine tolle Runde! Man kann zwischendurch auch abkürzen und an der Plotzsägmühle die Alb überqueren und zur Talwiese aufsteigen. Früher konnte man dort einkehren, jetzt kann man nur noch markige Sprüche und aufrührerische Parolen an der Fassade studieren. Stattdessen findet man nach dem steilen Aufstieg auf den Zieflensberg den Landgasthof Spechtschmiede. Weiter oben begegnet man dann auch wieder dem Hülsgraben, so schließt sich der Kreis.

Ein wunderbarer Abschluss ist am Ausgangspunkt das Skiheim Talwiesenschänke, wo deftige Hausmannskost mit Hüttencharme serviert wird.

Adresse Skiheim Talwiesenschänke, Talwiese 50, 76332 Bad Herrenalb-Oberes Gaistal, www.talwiesenschaenke.de | **Anfahrt** von Ettlingen auf der L 564 durch das Albtal in Richtung Bad Herrenalb, am 2. Kreisel Richtung Dobel die L 340 nehmen, dann rechts der Gaistalstraße folgen, rechts in den Hirschwinkelweg und links weiter die Talwiese hoch bis zum Parkplatz an der Schänke | **Tipp** Wer lieber hoch hinaus möchte, der kann von der Talwiese zum Aussichtspunkt Schweizerkopfhütte wandern – mit Weitblick übers Gaistal und Bad Herrenalb.

9 Der Grenzfluss

Das wilde Monbachtal von Stein zu Stein

Das Monbachtal und die Monbachschlucht sind Highlights für Familien, wobei man Kind und Kegel vermutlich stark mit der Aussicht auf Abenteuer motivieren muss, sonst bleibt man schon am Taleingang hängen. Dort locken der Sandbereich mit Strandkörben neben der Terrasse des schönen Cafés, ein Spielplatz und ein viel genutztes Kneipp-Becken zum Wassertreten.

Wenn man aber diese Hürden genommen hat und keinen Kinderwagen dabeihat, dann ruft das Abenteuer aus der Schlucht. Zunächst wird es etwas düster durch Kiefern und Tannen entlang des Wasserlaufs und des Zauns, der das weitläufige Gelände zu den christlichen Gästehäusern auf der anderen Seite des Bachs abgrenzt. Doch dann eröffnet sich ein wahres Naturerlebnis: Wildromantisch wandert man direkt am Fluss, steigt über Baumwurzeln und umrundet kleine Felsbrocken. Man befindet sich jetzt im Mischwald, und Licht und Schatten tanzen auf dem Wasser. Kinder toben mit nackten Füßen durchs kühle Nass, springen von Stein zu Stein oder bauen kunstvolle Steintürme. Trockene Ersatzkleidung mitzunehmen ist deshalb keine schlechte Idee.

Im Grunde ist das alles nicht wirklich spektakulär – und tatsächlich ist genau das das Besondere: einfach ein naturbelassener Bach. Später kommen noch ein kleiner Wasserfall und eine Brücke am Wendepunkt der Tour, aber sonst gibt es hier nichts außer den Nordschwarzwälder Urwald am Monbach.

Zwischen 1806 und 1945 bildete der Monbach die Grenze zwischen den Ländern Baden und Württemberg. Was damals bedeutend war, spielt im heutigen »THE LÄND«, in dem die Monbachschlucht ein »Topsäller« ist, längst keine Rolle mehr. Den Rückweg tritt man entweder etwas oberhalb an, oder man nimmt einfach denselben Weg zurück, was in jedem Fall neue Perspektiven eröffnet. Am Talausgang kann man sich auf Süßes oder Salziges freuen und sich stärken. Ein rundum schönes Ausflugsziel.

Adresse Im Monbachtal 2, 75378 Bad Liebenzell, www.monbachtal.de | Anfahrt südlich von Pforzheim der B 463 folgen, nach Unterreichenbach und Dennjächt links über die Nagold ins Monbachtal | Öffnungszeiten Café: April–Okt. Di–So 13–18 Uhr, Nov.–März Fr–So 13–17 Uhr | Tipp Ganz in der Nähe, in Richtung Bad Liebenzell, befindet sich das Eisstadion Polarion, das nicht nur zum Eislaufen und Curling, sondern auch für Events genutzt wird (www.polarion.de).

10 Der Sophi Park

Eine ganz eigene »WeltAnSchauung«

Es ist schön, wenn man sich für den südlichsten Teil des Kurparks Zeit nehmen kann. Man sollte hier im wahrsten Sinne des Wortes lustwandeln im sattgrünen Tal – mit wachem Geist und aufnahmewilligen Sinnesorganen. Skulpturen warten auf Besucher, und das Auge erfreut sich an bunten Elementen und rostigen Konstruktionen. Und dann ist da noch dieser wildblumige, wiesenhafte Park, in dem man auch gepflegte Rabatten findet. Hier mischt sich der durch das Gelände wabernde Hauch der Weisheit mit süßlichem Duft, anregender Kunst und dem beruhigenden Rauschen der Nagold.

Der Rundgang gleicht einer Zeitreise durch 2.500 Jahre Geistesgeschichte. Man begegnet den wichtigsten Erkenntnissen namhafter antiker Philosophen, Dichter und Denker wie Sokrates, Aristoteles, Diogenes, Platon, Thales oder neuzeitlicher Größen wie Hegel, Einstein, Nietzsche, Hannah Arendt, Karl Jaspers, Ernst Jünger und Hermann Hesse. Neugierig macht man sich auf den Weg zu neuen Ideen und eigenen Reflexionen.

Wenn das gelingt, erfüllt sich der Wunsch der Initiatoren des Parks, der im Juli 2017 offiziell eröffnet wurde. Hinter dem Projekt steht eine Stiftung, es dient zudem dem Andenken an das unerwartet verstorbene Gründungsmitglied Dr. Gustav Veith. Seine Familie und die Stadt Bad Liebenzell sind bemüht, den Sophi Park – die Abkürzung steht für »soft philosophy« – weiter in seinem Sinn zu gestalten und fortzuführen.

Hier werden philosophische Fragen an das Leben gestellt, an Kunst und Kultur, zu humanistischen Werten und das im Kontext einer europäischen Identität. Um diese Gedankenwelt gestalterisch in Szene zu setzen, haben Künstler Unikate für diesen einzigartigen Park geschaffen. Man kann sie betrachten, befühlen, zum Teil begehen oder auf beigefügten Sitzmöglichkeiten auf sich wirken lassen. Man schlendert, schaut, denkt und genießt.

Adresse Am Kurpark, 75378 Bad Liebenzell | Anfahrt südlich von Bad Liebenzell direkt an der B 463, am südlichen Ende des Kurparks links auf den Parkplatz einbiegen | Tipp Das Oscars Hotel 1415 wurde wunderschön restauriert. Ein gelungenes Beispiel für modern interpretierte Schwarzwald-Tradition (Am Kurpark 1).

11 Die Wasserstuben

Nagold-Flößerei – früher und heute

Die Flößerei hat auf den Wasserwegen des Nordschwarzwalds eine lange Tradition, die mit Flößerfesten und der Pflege von historischen Stätten auch heute im Bewusstsein bleibt. Wechselnde Wasserstände machten den Flößern, die den Abtransport der mächtigen Stämme gewährleisten mussten, immer wieder Probleme. Mit einem ausgeklügelten System half man nach: Man staute das Wasser zu Schwellweihern an, sogenannten »Wasserstuben«, denn so war es möglich, auch enge, wenig Wasser führende Bachläufe mit dem Floß »schiffbar« zu machen. Gewusst, wie! Die Fahrt durch solche Wehre und durch die Flößergasse war gefährlich, Höhenunterschiede mussten austariert werden.

Eine Besichtigung der rekonstruierten »Monhardter Wasserstube« ist nur im Rahmen einer Führung möglich, aber man bekommt auch einen guten Eindruck, wenn man sich die Nonnenwag-Wasserstube vom Ufer der Nagold aus anschaut. Dieser Fluss wurde durch insgesamt 95 künstlich angelegte Stauvorrichtungen auf einer Länge von 88 Kilometern flößbar gemacht – viel »Holz« für viel Holz. Das Transportgut wurde mit Schäleisen vorbehandelt und zu »Gestören« mit jeweils fünf bis sieben Stämmen zusammengebunden.

Zur Blütezeit der Flößerei ging das meiste Schwarzwälder Holz in die Niederlande. Man brauchte es dort für den Schiff- und Städtebau. Amsterdam wurde sozusagen auf Stelen aus Schwarzwaldtannen erbaut, auch wenn der Transport dorthin Wochen dauerte. Auch der Speyerer Dom und das Straßburger Münster wurden unter anderem mit geflößtem Schwarzwälder Holz errichtet.

Die Flößerei war ein großes Geschäft für Waldbesitzer, Händler und Zollhoheiten. Eine frühe Form von Transportlogistik war gefragt. Der niederländische Kolonialismus brachte einen weiteren Aufschwung, genauso wie die Industrialisierung. Aber zu starker Holzeinschlag und die neuen Eisenbahnlinien führten zum Niedergang der Flößerei – die heute ein Kulturerbe darstellt.

Adresse Parkplatz Monbachtal, 75378 Bad Liebenzell | Anfahrt südlich von Pforzheim der B 463 folgen, nach Unterreichenbach und Dennjächt links über die Nagold ins Mochbachtal | Tipp In Calmbach, Bad Wildbad und Schiltach gibt es Flößermuseen mit vielen Exponaten zum Thema (www.schwarzwald-tourismus.info, www.schwarzwald-kinzigtal.info).

12 Das Badhaus 1897

Beerenkuchen statt Badekappe

Der Name des Ortsteils, in dem das Badhaus 1897 zu finden ist, verwirrt zunächst. Kleinwildbad liegt eben nicht im Bad Wildbader Tal, sondern im Nagoldtal zwischen Bad Liebenzell und Hirsau. Eindeutig ist hingegen das Jahr der Erbauung: 1897. Zur Erholung von Leib und Seele wurde es geschaffen, man labte sich viele Jahrzehnte am Ufer der Nagold. Das Badhaus von heute wurde von Oskar Koch erbaut und gestalterisch an das damals mondäne Wildbad angelehnt. Das Volksbad mit Quelle und gastronomischem Betrieb erhielt die Bezeichnung »Klein-Wildbad-Quelle«, was später den Ortsteilnamen nach sich zog.

Das Bad veraltete mit der Zeit, wurde schließlich umgenutzt, um Räume für Vereine und Wohneinheiten zu gewinnen. Die Quelle wurde 1962 in einen neuen Brunnen eingefasst und in »Heinrich-Coerper-Quelle« umbenannt. Das langsam verfallende Gebäude fand neue Liebhaber, weshalb die Besitzer das Badhaus umfassend sanierten. Keine ganz leichte Aufgabe, denn Kulturdenkmäler erfordern Fingerspitzengefühl.

Der Bau ist ein lang gestrecktes, eingeschossiges Fachwerkhaus mit massivem Untergeschoss, das sich nun zur Nagold hin wieder mit offener Halle und Galerie präsentiert. Zwischen Haus und Ufer befindet sich heute der von der Straße abgeschirmte schöne Außenbereich des Cafés. Die ungewöhnliche Form des Gebäudes sorgt für eine einzigartige Atmosphäre. Ein langer Gang mit vielen Fenstern und heller Holzvertäfelung schafft eine einladende Umgebung, von hier gelangt man in gemütliche und liebevoll gestaltete Räume. In der Backwerkstatt im Untergeschoss wird nach traditionellen Rezepten Kuchen gebacken, und der Duft mischt sich mit Tee- und Kaffeearomen.

Café- und Baukultur fügen sich zu einer verführerischen »Melange« am Nagoldufer. Wunderbar ist die Idee, schmale Stückchen zu einem Dreierlei-Kuchen-Probierteller zusammenzufügen. Das lindert die Qual der Wahl erheblich!

Adresse Hirsauer Straße 15, 75378 Bad Liebenzell-Kleinwildbad, www.badhaus1897.de | Anfahrt Badhaus südlich von Bad Liebenzell direkt an der B 463 gegenüber dem Bad Liebenzeller Mineralbrunnen | Öffnungszeiten Do–So 10–18 Uhr | Tipp Der heutige Badetempel von Bad Liebenzell, die »Paracelsus-Therme und Sauna Pinea«, befindet sich in Kurparknähe im Reuchlinweg 4 (www.paracelsus-therme.de).

13 Das Rasthäuschen

… am Wald-Kultur-Haus

Zwitschern, Wald, Ruhe, Kultur – man sollte tatsächlich öfter mal einen Gang runterschalten. Das empfiehlt auch das Schild am klitzekleinen Rasthäuschen im oberen Wolftal am Bach, kurz bevor die Serpentinen hinauf zum Kniebis führen.

Wenn man Bad Rippoldsau passiert hat und die historischen »Lost Place«-Kurhausbauten hinter sich gelassen hat, wird es ruhig im Tal. Der Bach rauscht vor sich hin, und wer vor dem Besuch des Wald-Kultur-Hauses noch ein paar Meter flussabwärts schreitet, der kommt an diesem liebevoll dekorierten Hüttchen vorbei. Ein altes Fahrrad und eine ausrangierte Tür sind angelehnt, Geranien und Holzdeko schmücken die Wände, Vogelhäuschen hängen vor dem Eingang. Eines davon ist, wenn man Glück hat, ein »Zwitscherkästchen«. Ein Gläschen »Eau de vie«, wie die Franzosen sagen würden, also ein Schnäpsle in Ehren kann niemand verwehren. Das Plätzchen hat noch einen Tisch und zwei Klappstühle zu bieten, und das war's auch schon.

Im Bad Rippoldsauer Ortsteil Holzwald ist der Name tatsächlich Programm, genauso wie das Wolftal sich »Tal der Tiere« nennt. Es gibt eine Vielzahl an Wild- und Tiergehegen. Im Alternativen Wolf- und Bärenpark kann man diese Wildtiere, die aus schlechten Haltungsbedingungen befreit wurden, in artspezifischen Freianlagen beobachten. Im Infozentrum Lachszucht erfährt man viel über das Leben und Laichen der Lachse.

Doch zurück zum Wesentlichen, denn im Wald-Kultur-Haus kommt alles zusammen: Mensch, Kultur, Brauchtum, Holzwirtschaft, Flößerei, Geologie, Honigbienenpfad – und Spaß und Spiel. Vor allem für Familien ist dies ein toller Ort für Wissensvermittlung und Exkursionen, für Abenteuernachmittage und großen Spaß auf dem Wasser-Erlebnis-Spielplatz. Und »wie's do zogange isch«, das erfährt man in Mundart, also im O-Ton, bei einer Führung oder beim Abrufen des Wald-Kultur-Haus-Infofilms sehr sympathisch und authentisch.

Adresse Fürstenbergstraße 59, 77776 Bad Rippoldsau-Schapbach, Ortsteil Holzwald, www.wald-kultur-haus.de | Anfahrt ab Bad Rippoldau der L 96 Richtung Kniebis folgen, Wald-Kultur-Haus mit Parkplatz kurz vor Holzwald | Tipp Zur Einkehr sei die »Alte Tränke« im Wolftal empfohlen. In traditionell rustikalem Ambiente wird drinnen und draußen Schwarzwälder Hausmannskost geboten (Fürstenbergstraße 41, www.alte-traenke.de).

14 Die Schwarzwaldklinik

Man erwartet Außerirdische am Lost Place

Das Raumschiff ist gelandet – so wirkt das Gebäude. Als hätten die Klingonen eine Notlandung hingelegt. Unglaublicherweise kam zwischendurch schon einmal fast das Aus für die Klinik – Star-Trek-ähnlich von jetzt auf gleich, durch einen Großbrand an Fasnet: Hohe Flammen schlugen, närrisches Treiben endete. Es befanden sich zu diesem Zeitpunkt 140 Patienten im Haus zur Kur. Es folgte ein schwieriger Großeinsatz für die Feuerwehr. Im Gebäude kam es aufgrund der brennenden Holzverkleidungen zu einer starken Rauchentwicklung. Einsatzkräfte aus der gesamten Umgebung kämpften stundenlang gegen Rauch und Flammen an, es entstand ein Millionenschaden. Später ging man mangels Hinweisen auf andere Ursachen von fahrlässiger Brandstiftung aus. Zum Glück blieben sowohl die Patienten als auch die Helfer unversehrt.

Es gelang trotz allem, den Kurbetrieb aufrechtzuerhalten, die Klinik weiter zu betreiben und sogar noch den Status als Modellklinik für Ernährungsmedizin zuerkannt zu bekommen. Die Schwerpunkte der Schwarzwaldklinik lagen auf dem internistischen und orthopädischen Bereich. 2011 schlossen sich die Türen des Kurbetriebs jedoch endgültig. Ein großer Arbeitgeber, viele Arbeitsplätze und natürlich auch ein Großteil touristischer Aktivität gingen verloren. Was wird nun aus dem »Raumschiff« Klinik? Ein Fünf-Sterne-Hotelkomplex? Ein Klinik-Relaunch? Man darf gespannt sein.

Unterdessen versucht man, ungebetene Gäste fernzuhalten. Lost-Place-Begeisterte genauso wie neugierige Jugendliche. Die Schwarzwaldklinik war übrigens nie *die* Schwarzwaldklinik der Fernsehserie aus den 1980er Jahren. Die befindet sich im Glottertal viel weiter südlich.

In der einst zur Klinik gehörenden Jugendstilvilla Sommerberg logierten übrigens so illustre Gäste wie Rainer Maria Rilke, Victor Hugo, Johannes Brahms oder Max Bruch. Wenn das die Klingonen wüssten.

Adresse Fürstenbergstraße 38, 77776 Bad Rippoldsau-Schapbach | Anfahrt ab Bad Rippoldau der L 96 Richtung Kniebis folgen, ehemalige Klinik unübersehbar an der Straße | Tipp Empfohlen sei der von Bad Rippoldsau startende Genießerpfad Klösterle-Schleife mit Kloster, Wasserfall und steilen Felsen – ein Erlebnis.

15 Die Krokuswiesen

Der frühe Vogel fängt den Frühling ein

Wenn im März der Wildkrokus blüht, strömen die Besucher in Scharen den Berg hinauf in den Luftkurort Zavelstein. Gerade an den Wochenenden steppt hier dann buchstäblich der Bär. Diesen versucht man durch Aufrufe, nicht unbedingt an Sonntagen zu kommen, sowie durch Park- und Menschenwanderungs-Leitsysteme im Zaum zu halten. Wo es schön ist, da wollen die Leut halt hin. Und das Naturschauspiel der Wildkrokusblüte im Naturschutzgebiet »Zavelsteiner Krokuswiesen« ist ausgesprochen sehenswert.

Obwohl auch hier die Krokusse violett blühen und eine orangefarbene Narbe haben, handelt es sich nicht um Safrankrokusse. Die Gattung Krokus entstammt der Familie der Schwertliliengewächse. Der Star unter ihnen, der ebenjenes weltweit begehrte Gewürz der Welt erzeugt, blüht erst im Herbst. Doch warum gibt es gerade in Zavelstein so üppige Mengen an Wildkrokussen? Zumal sie ursprünglich aus dem Mittelmeerraum stammen.

Diese Frage lässt viel Raum für Spekulation. Über den Seeweg aus dem Orient? Durch Reisen der Hirsauer Mönche? Durch eine Order der Adeligen? Relativ gesichert ist, dass die Krokusse in den Burggärten gepflanzt wurden und sich nach und nach durch Ackerbau und Viehzucht in den Zavelsteiner Wiesen verbreiteten. Sie bilden im noch mausgrauen Frühjahr einen leuchtenden, sanft duftenden Teppich. Damit diese wundersame Pracht nicht zertrampelt wird, nutzt man neben Schildern während der Blütezeit auch Absperrbänder, denn Fotowütige kennen manchmal keine Naturschutz-Gnade.

Der Ausflug lohnt sich in jedem Fall, denn das Naturschutzgebiet liegt auf einer Hochebene oberhalb des Ortes. Man läuft mit herrlicher Sicht auf das »Städtle« mit der Burgruine wieder den Hang hinunter. Mit Glück ergattert man abschließend in der ersten Frühlingssonne einen Sitzplatz in oder vor den Ortslokalen. Frühe Hochsaison in Zavelstein. Sehen und gesehen werden!

Adresse Fronwaldstraße, 75385 Bad Teinach-Zavelstein, www.bad-teinach-zavelstein.de | Anfahrt nördlich und oberhalb von Bad Teinach, der L 346 von Norden kommend folgen oder am Kreisel auf Höhe Bahnhof Bad Teinach den Abzweig nach Zavelstein nehmen | Öffnungszeiten Blühzeit Anfang März | Tipp Das Wanderheim Zavelstein lockt nicht nur zur Krokusblüte, sondern verspricht mit Kachelofen im Winter und Biergarten im Sommer heimelige Gemütlichkeit am Naturschutzgebiet (Fronwaldstraße 48).

16 Die Mathildenanlage

Steffele über Steffele

Es ist ein kurzer, aber knackiger Aufstieg zur Mathildenanlage im Spitzeck von Rötenbach und der Teinach. In direkter Falllinie liegen unten an der Badstraße das Mineralwasserunternehmen »Teinacher« und daneben die Mineraltherme Bad Teinach. Man lässt das Auto also im Ort und macht sich auf den Weg. Dann geht's hoch in den Wald. Noch am Waldrand steht eine mannsgroße Teinacher-Trinkflasche aus Holz – ein schicker Mülleimer. Die Mathildenanlage ist zwar ausgeschildert, aber bei Weitem nicht so prominent, wie manch einer vielleicht erwartet. Sie versteckt sich im Wald und unter Moos, obwohl es doch über 600 Stufen hinauf sind. Ein echtes Work-out, man muss schon ein bissle schnaufen. Da es kein Geländer gibt, sollte man besser gut zu Fuß sein.

Die Gestaltungen im Gelände wurden Anfang des 19. Jahrhunderts auf Geheiß von Königinwitwe Charlotte Auguste Mathilde von Württemberg (1766–1828) veranlasst, die zwischen 1818 und 1828 das Teinacher Thermalbad regelmäßig besuchte. Die Königin ließ auch Sitzbänke aus Stein bauen, damit sich der reifberockte, mit glänzenden Schühchen ausgestattete Adel beim Flanieren ausruhen konnte. Man muss schon schmunzeln, wenn man sich die Entourage der Königin am Berg vorstellt, zumal sie selbst in späteren Lebensjahren als eher füllig galt. Nun, wer weiß, wozu man damals bereit war, um Luft zu schnappen und um sich zu kurieren.

Als Wanderer ist man hier meist relativ einsam unterwegs. Wenn in der Dämmerung ein Bergjogger aus dem Dickicht springt, hat man Sorge, dass da ein Wildschwein angerast kommen könnte.

Die Heilquelle in Bad Teinach soll der Sage nach durch den König des Waldes, einen Hirsch, entdeckt worden sein. Im Kurpark wacht er auf einem Seepodest über die Kaskaden. Dort findet man auch eine kleine Froschkönig-Skulptur. Wer weiß, was passiert, wenn man sie küsst? Einen Versuch ist es allemal wert.Und falls es nicht klappt – zwischen dem Rötenbach und gleichnamigen Ortsteil sitzt noch einer!

Adresse 75385 Bad Teinach-Zavelstein | Anfahrt von Bad Teinach auf der L 347 in Richtung Bad Wildbad, an der Mineraltherme in der Badstraße Richtung nördlicher Wald | Tipp Die nördlich vom Friedhof gelegene Schlossberghütte ist ein Blockhaus-Neubau mit schwäbischer Küche (Uhlandstraße 50).

17 Das Regionentheater

Alles andere als hinterwäldlerische Kultur

Im Städtle von Zavelstein präsentierte sich lang ein »Briefkasten-Theater« – oder doch eher ein »Schaufenster-Theater«? Vor allem ist es ein regionales Theater mit einer Reichweite über den Tellerrand hinaus, das seinen Hauptsitz nun im Kulturzentrum in der Schulstraße gefunden hat. 2014 starteten die Macher das »Regionentheater aus dem schwarzen Wald« als reisende Schauspieltruppe im ländlichen Raum. Gespielt wird auf unterschiedlichen ausgewählten Bühnen im Umkreis. Das Repertoire reicht von Kinder- und Jugendtheater als eigenständiger Sparte bis hin zu einem sehr abwechslungsreichen Abendprogramm.

Wichtig war Intendant und Gründer Andreas Jendrusch zusammen mit Birgit Heintel schon bei der ersten Produktion des Stücks »Tom Sawyer und Huckelberry Finn« vor allem, sich selbst und dem Publikum im ländlichen Raum treu zu bleiben. Der Erfolg beflügelte, und es wurde weiter nach Theaterstoff gesucht, den man dann humorvoll, nachdenklich und mit eigenem Handstrich publikumswirksam aufbereitet auf die Bühnen der Region brachte.

Die Bretter, die die Welt im Umland bewegen, sind im Kreis Calw zu finden. Nach dem Lockdown, der alle Kulturtreibenden hart erwischt hat, zeigte sich Andreas Jendrusch wendig. Er engagierte sich trotz allem weiter und konzipierte zusammen mit dem Landratsamt Calw einen Förderantrag, durch dessen Bewilligung neue Inszenierungen in der Region gezeigt werden konnten. Unter anderem entstand der Spielort Kulturapotheke in Calw, auch wenn dessen Zukunft leider unsicher ist.

Kulturell sollte man im »Basislager« in Zavelstein, aber auch in Zukunft nach den Nordschwarzwälder Sternen greifen. Das Publikum scheint mehr als bereit, denn weitere Gemeinden haben Interesse am erfolgreichen Kulturtrieb im ländlichen Raum. Jedenfalls wurde bereits Unterstützung beim Aufbau ähnlicher Konzepte angefragt. Es gibt Bedarf – weiter so!

Adresse Schulstraße 67, 75385 Bad Teinach-Zavelstein, www.regionentheater.de | Anfahrt nördlich und oberhalb von Bad Teinach, der L 346 von Norden kommend folgen oder am Kreisel auf Höhe Bahnhof Bad Teinach den Abzweig nach Zavelstein nehmen | Öffnungszeiten Veranstaltungen siehe Homepage | Tipp Eine Besteigung des Bergfrieds der Burgruine Zavelstein ist ein Muss mit schöner Aussicht auf das alte Städtle, den Burggraben mit Spielplatz und die umliegenden bewaldeten Hügel.

18 Der Baumwipfelpfad

Da hat man einen in der Krone

Zugegeben, der Sommerberg ist ein touristisches Aushängeschild, aber wenn man außerhalb der Ferienzeiten und nicht gerade am Wochenende den Weg hierherauf findet, dann kann es dort auch ruhig zugehen. Man nimmt entweder die Standseilbahn von der Ortsmitte bis zur Bergstation, oder man folgt dem Blöcherweg hintenrum zum großen, gebührenpflichtigen Gästeparkplatz.

Der Sommerberg ist ein Konglomerat verschiedenster Freizeitangebote. Er ruft Wanderer, Biker, abenteuerlustige Familien und Skifahrer gleichermaßen. Dennoch kommt man sich nicht in die Quere. Leitsysteme und getrennte Wegführungen lassen parallel ganz unterschiedliche Bergerlebnisse zu. Downhill-Fans rasen mit ihren Bikes die Parcours in unterschiedlichen Schwierigkeitsgraden hinunter, Wanderer suchen Erholung mit oder ohne Hund, Skifahrer nutzen die Liftanlagen, Familien begehen die Wildline-Hängebrücke oder den Baumwipfelpfad … puuuh! Wem das alles zu viel ist, der hockt sich in die Sonne vor die Hütte der Skizunft Wildbad und lässt die Aktivitäten andere erledigen. Die Berghütte besticht mit Charakter und deftigen Speisen.

Der Baumwipfelpfad ist eine Holzsteg-Promenade in »Augenhöhe« mit den Baumkronen. Er hat etwas Majestätisches, vor allem, wenn der Wind alles in Bewegung versetzt. Dann wiegen sich die Baumwipfel und man hat das Gefühl, dass der Laufsteg wankt wie ein Schiff bei Seegang. Ein unvergessliches Erlebnis. Unterwegs gibt es noch seitliche Balancierbereiche für Mutige.

Das finale Highlight ist natürlich der Turm der Türme in Bad Wildbad mit einer 55 Meter langen Tunnelrutsche, deren Einstieg in 25 Metern Höhe liegt. Ein einzigartiges Rutscherlebnis, wenn man sich traut! Die Turmkonstruktion zieht jeden in den Bann. Man schreitet zunächst andächtig seine Runden bis ganz hinauf, und dann folgt die rasante Abfahrt – königlich wild, wie Bad Wildbad sich auch selbst beschreibt.

Adresse Peter-Liebig-Weg 16, 75323 Bad Wildbad, www.bad-wildbad.de, www.adventure-bikepark.com, www.skizunft-wildbad.de | Anfahrt von der B 294 Abzweig nach Bad Wildbad nehmen, am Kreisel auf die L 351, Richtung Ortsmitte und den Schildern Richtung Sommerberg auf dem Blöcherweg folgen, oben großer, kostenpflichtiger Parkplatz | Öffnungszeiten saisonal unterschiedlich, Infos siehe Homepage | Tipp Unumstritten ein Ausnahmeerlebnis: Das Palais Thermal bietet ein entspannendes orientalisches Wellnessvergnügen (Kernerstraße 5).

19 Der Fürstenbahnhof

Ein Hingucker in Ockergelb

Das denkmalgeschützte Gebäude hat bezüglich seiner eigentlichen Bestimmung schon lange ausgedient. Bad Wildbad war jahrzehntelang die Endhaltestelle der 1868 eingeweihten Enztalbahn, für die der prachtvolle Bahnhof gebaut wurde. Grund für diesen frühen Bahnlinienbau war die damals herausragende Bedeutung Bad Wildbads als Lieblings-Kurbad der württembergischen Könige. Für sie gab es besondere, vom gemeinen Volk getrennte Empfangs- und Wartebereiche, deshalb wird er »Fürstenbahnhof« genannt. Politische Querelen erschwerten bereits zuvor solche Mammutprojekte, denn der Verlauf der Enztalbahn führte unweigerlich über das Gebiet des badischen Pforzheims. Schließlich regelte dies ein Staatsvertrag zwischen dem Königreich Württemberg und dem Großherzogtum Baden. Danach stand den Dampfloks nichts mehr im Wege.

Heute fahren die Stadtbahnzüge der AVG auf der Enztalbahnlinie, die bis zum Kurpark von Bad Wildbad verlängert wurde. Das große Stück Nostalgie wurde 2017 verkauft und wanderte in private Liebhaberhände. Als Kulturdenkmal wurde es behutsam und authentisch saniert. Auch das alte Waschhaus nebenan gehört dazu. Auf der anderen Seite hat ein restaurierter und rot lackierter Mitropa-Speisewagen seine neue Bestimmung als Imbisswagen gefunden. Die Besitzer träumen von einer zukünftigen Brauhausgastronomie mit Biergarten, Bar und viel Raum für größere Feiergesellschaften. Auch die Bereiche unter den neuen Arkaden mit den gusseisernen Säulen sollen mit Gastronomie, einem Café mit Außenplätzen und eventuell mit einer Eisdiele ergänzt werden. Wenn sich alles wieder mit Leben füllt und die Wohnungen bezogen sind, wird wieder ein schmucker Ort der Begegnung aus dem einstigen Bahnhof. Auf dem Vorplatz steht ein alter grüner Waggon der Standseilbahn, und zwei riesige Mammutbäume zeugen von einem Ort mit fürstlicher Geschichte.

Adresse König-Karl-Straße 101, 75323 Bad Wildbad | Anfahrt von der B 294 Abzweig nach Bad Wildbad nehmen, auf die L 351, am Kreisel Richtung Ortsmitte, Bahnhof und alter Bergbahnwaggon von hier sichtbar | Tipp Gleich gegenüber befindet sich eine Kaffeemanufaktur mit »gläserner Produktion«. Hier gibt es seit 2017 frischen Röstkaffee. Im Rösterei-Café kann man diesen auch gleich testen.

20 Das Kühnle hinterm Bechtle

Gleich neben dem maurischen Badetempel

Das Wildbader Café Bechtle gab es seit 1907, es war ein Klassiker in der Kaffeeklatsch-Landschaft der Bäderstadt und hatte diverse Konditor-Köstlichkeiten zu bieten. Doch seit Ende 2023 ist mit dem Tagescafé leider Schluss, perdu. Sehr schade, denn dort war irgendwie die Zeit stehen geblieben. Eiche rustikal, kniehoch beginnende Schaufenster mit abgerundeten Ecken im Eingangsbereich, geraffte Gardinen, eine Markise – und natürlich durfte die pompöse, mit Kirschwasser getränkte Schwarzwälder Kirschtorte nicht fehlen. Der Namensschriftzug am Haus, die seitliche Leuchtreklame und die Schindelfassade – alles noch da, alles wirkt nostalgisch schön mit morbidem Charme. Die Hotelzimmer und Ferienwohnungen werden weiterhin betrieben.

In Sichtweite hinter dem ehemaligen Café Bechtle liegt das Kühnle. Auch hier prangt noch der wunderbare historische Leuchtreklame-Schriftzug über dem Eingang. Das Gästehaus wurde innen modern, freundlich und individuell eingerichtet, außen blieb der historische Charme erhalten. Der Blick auf diese zwei Häuser mitten in der Fußgängerzone von Bad Wildbad hat Kult-Charakter. In den Nordschwarzwälder Innenstädten verschwinden leider nach und nach die traditionell mit Schindeln verkleideten Hausfassaden.

Wandel ist ein Prozess. Bad Wildbad baut sich um, teils gesteuert, teils durch veränderte Gästewünsche, Generationswechsel und Trends. Es gibt Zwischenphasen – und die sind oft spannender als moderne Gleichmacherei. Etwas weiter südlich liegt der Kurplatz. Unweit von hier sprudeln die Bad Wildbader Thermalquellen an die Oberfläche, deren therapeutische Heilwirkung schon im Altertum geschätzt wurde. Das Palais Thermal ist ein einzigartiger Badetempel mit orientalischem »Sex-Appeal«. Man taucht ein, genießt und wandelt – zwischen den Zeiten, zwischen Verspannung und Entspannung. Auch ein Prozess, wie alles.

Adresse Rathausgasse 18–22, 75323 Bad Wildbad, www.das-kuehnle.de | Anfahrt von der B 294 Abzweig nach Bad Wildbad nehmen, auf die L 351, am Kreisel Richtung Ortsmitte, in der Fußgängerzone gelegen | Öffnungszeiten Palais Thermal: Mo–Fr 13–22 Uhr, Sa, So und Feiertage 10–22 Uhr, Di Textilbadetag; Gästehaus nur in den Betriebsferien geschlossen | Tipp Die »Piazza« von Bad Wildbad beginnt an der Endhaltestelle Richtung Kurpark. Dort befinden sich versetzt errichtete Flachbauten mit Bar und Eisdiele und jeder Menge Bestuhlung. Dazwischen Palmenkübel und Blumenrabatten, die Große Enz plätschert im Hintergrund.

21 Das Vogelhaus

Oder doch wieder Gartenhalle?

Der Kurpark von Bad Wildbad schlängelt sich an der Großen Enz entlang, zentrumsnah und dennoch relativ naturbelassen mit vielen alten und großen Bäumen. Natürlich wurden besondere Highlights in die Parklandschaft eingefügt, so etwa der runde Rosengarten oder der gusseiserne Maurische Pavillon von 1875.

Der westlich der Enz liegende Teil des Parks fällt zum Fluss hin stark ab, was einen idyllischen Landschaftsblick durch die Gesamtanlage ermöglicht. Besonders schön ist es deshalb, von oben kommend durch den Park zu flanieren. Auf der Bätznerstraße unterquert man die moderne Standseilbahn, die seit mehr als 100 Jahren Gäste auf das Hochplateau des Sommerbergs befördert. Kurz dahinter hat man immer wieder tolle Aussichten auf Bad Wildbad, die Stadtkirche, das Palais Thermal, das Enztal und die Schwarzwaldhöhen. Weiter bergauf gelangt man dann am Rosengarten in den Kurpark. Gleich zu Beginn warten einladende Himmelsliegen auf »Park-Chiller«.

Marschiert man ein kleines Stückchen weiter, trifft man auf eine faszinierende Gartenhalle. Eine reine Holzkonstruktion auf einem Sandsteinsockel mit Rundumverglasung, die tolle Ein- und Ausblicke ermöglicht. Das 1900 als »Neue Lesehalle« mit Jugendstilelementen konzipierte Gebäude ist ein handwerkliches Juwel mit kleinen Erkern und einer im Inneren offenen Dachkonstruktion. Ergänzt wurde die Halle durch eine große Vogelvoliere für seltene Vogelarten sowie zwei Pavillons, die aber später abgebaut wurden.

Nachdem die Gartenhalle eine Zeit lang leer gestanden hatte, wurde aus ihr 1987 die von Barbara Diez betriebene Galerie »Vogelhaus Bad Wildbad«. Als Kombination aus Werkstatt und Ausstellungsraum war sie ein Ort für Keramikkunst, Kommunikation und Reflexion, für Lesungen, Veranstaltungen und ruhige Momente. Bis auf die Keramikkunst wird vermutlich alles bleiben, denn Veränderungen und Umnutzungen kündigen sich an.

Adresse Bätznerstraße 97, Oberer Kurpark, 75323 Bad Wildbad | Anfahrt von der B 294 Abzweig nach Bad Wildbad nehmen, auf die L 351, am Kreisel Richtung Ortsmitte, am nächsten Kreisel die Bätznerstraße bergauf Richtung Vital Therme, kurz dahinter im Kurpark | Öffnungszeiten noch unklar | Tipp Das Café Melange im Kurhaus besticht vor allem im Sommer durch seine schöne Lage (www.melange-wildbad.de).

22 Die geharzten Bäume

Fischgrätmuster, alte Berufe und ein Schulweg

Es taucht ein Nadelbaum mit Fischgrät-Schnitzmuster auf. Man kennt es vom Parkettboden, zeitlos und elegant. Die periodische 45-Grad-Anordnung ähnelt Fischgräten. In diesem Fall ist das Muster Zeugnis eines uralten Handwerksberufs im Wald. Eines von vielen, wie man auf dem rund zehn Kilometer langen »Historischen Rundwanderweg Fautsburg« anhand von 21 Infotafeln erfährt.

Es war eine Kunst, die richtigen Kiefern zu wählen und diese nicht von zu viel Rinde zu befreien, sonst wären sie eingegangen. Den als »Röten« bezeichneten Schnitt bereitete man schon im Winter vor. In der Mitte der Lachte zog man eine senkrechte Tropfrinne. An deren Ende schlug man eine Blechrinne zum Auffangen des Harzes in Gläsern ein. Das Reißen links und rechts der Tropfrinne ergab im Laufe des Sommers dann Rille um Rille das Fischgrätmuster.

Im Mittelalter wurde der Harz zum Abdichten von Fässern und Bootsrümpfen genutzt. Im Nordschwarzwald kam der intensiven Harzung erst ab dem Ersten Weltkrieg große Bedeutung zu, da Rohstoffe knapp wurden. Die insgesamt mehrere tausend Kilogramm umfassende Menge an »Kieferngummi« war wichtig für Farben, Leim, Papier, Holzteer (Pech), Wagenschmiere, Buchdruckerschwärze, Kosmetik und Pharmazeutika.

Man wandert hier auch über den Alten Schulweg von Hünerberg nach Aichelberg, der wie die Schule erst ab 1927 existierte. Bis dahin hatten die Aichelberger, die zunächst zum Pfarramt Zwerenberg gehörten, dort die Schule besucht und die anderen Bergdorf-Kinder eine sogenannte Wechselschule. Mal gingen sie von Hünerberg nach Meistern, mal umgekehrt, da es nur einen Lehrer für beide Ortsteile gab. Jeder musste mal laufen, auch der Lehrer, und der bekam dafür »Stiefelgeld«. Ein schöner schmaler Pfad, der Laune macht, den Wald zu genießen. Und dann ist da auch noch der Bergfried der Ende des 12. Jahrhunderts von den Grafen von Hohenberg erbauten Fautsburg samt Mammutbaum.

Adresse Wanderparkplatz, 75323 Bad Wildbad-Aichelberg | Anfahrt B 294 bis zur Kreuzung mit der L 347 beim Campingplatz Fautsburg, dann den Berg hoch Richtung Aichelberg / Bad Wildbad, Wanderparkplatz mit geharzten Bäumen in einer Kurve nördlich des Abzweigs nach Aichelberg am historischen Rundwanderweg | Tipp Das Forsthaus Rehmühle wirkt etwas entlegen, aber es ist ein Ort der Begegnung mitten im Wald. Samstags lockt ein kleiner Teesalon, und immer wieder gibt es Events wie zum Beispiel kulinarische Märchenabende (Rehmühle 2, www.forsthaus-rehmuehle.de).

23 Die Grünhütte

Im Hochmoor-Dunstkreis

Sie liegt mitten in der Natur, und zwar im größten zusammenhängenden Waldgebiet Baden-Württembergs zwischen Kaltenbronn und Bad Wildbad auf einer Hochmoor-Ebene. Die Waldgaststätte thront oben auf dem Berg, durch die Lichtung wird der Blick über die Baumwipfel frei, sie kuschelt sich an den Schwarzwaldhang. Das Holzhaus auf einem Buntsandsteinsockel hat den Charme einer rustikalen Berghütte, die Gaststube ist mit viel Holz und gemütlichen Eckbänken ausgestattet, in der Mitte bietet sie einen solitären Kachelofen. Im Kieshof vor der Hütte befindet sich ein großer Biergarten mit Sonnenschirmen und einer überdachten Veranda.

Die Speisekarte ist deftig-regional, mit Knödeln, Pilzen, Kraut, hausgemachten Maultaschen, und empfiehlt die sehr beliebten und äußerst leckeren Heidelbeer- oder Kirschpfannkuchen. Und das Beste ist: Man kommt nicht mit dem Auto hin! Wanderer, Mountainbiker und Skifahrer sind herzlich willkommen. Gehbehinderte Naturliebhaber werden nach Voranmeldung einmal in der Woche mit dem Grünhütten-Shuttle hinaufgebracht – ein bequemer und fairer Service.

Ein guter Startpunkt für den Weg zur Hütte ist der kleine Weiler Kaltenbronn mit ehemaligem Jagdschloss, Naturpark-Infozentrum, Hotel und Liftanlagen. Zu beiden Seiten der Schwarzwälder Passstraße erstreckt sich ein riesiges Waldgebiet. Es war jahrhundertelang das Kerngebiet für die Rotwild- und Auerhahnjagd des Adels im nördlichen Schwarzwald. Auch Kaiser Wilhelm II. schätzte das sehr und kam zu diversen Jagd-Aufenthalten. Der etwas oberhalb von Kaltenbronn gelegene Hohlohturm aus Buntsandstein wurde einst nach dem deutschen Kaiser benannt.

Die am Ende der letzten Eiszeit hier oben entstandenen Hochmoore sind einzigartige Biotope. Wasserundurchlässige Gesteinsschichten sorgten nach der Eisschmelze für die Versumpfung. Sie sind mit einem Bohlenweg für Besucher erschlossen und liegen auf dem Weg zur Grünhütte.

Adresse Gernsbacher Steige 15, 75337 Enzklösterle, www.gruenhuette.de; Start der Wanderung in Kaltenbronn | Anfahrt auf der L 768 vom Bad Wildbader Tal oder vom Gernsbacher Tal nach Kaltenbronn, Wanderparkplätze am Skilift und am Informationszentrum | Öffnungszeiten Di–So 10–18 Uhr | Tipp Natürlich lohnt sich ein Besuch im Informationszentrum Kaltenbronn mit Moor- und Klimaausstellung und Infos zu seltenen Waldtieren (Kaltenbronn 600, www.infozentrum-kaltenbronn.de, Sa, So und Feiertage 10–17 Uhr).

24 Das Alte Dampfbad

Die »Gesellschaft der Freunde Junger Kunst«

Ausgerechnet die Mitglieder des ältesten Kunstvereins Baden-Badens sind »Freunde Junger Kunst« – erstaunlich! Man ist hier tatsächlich für alle Strömungen offen. Jeder kann Mitglied werden, die Arbeit des Vereins ist gemeinnützig.

Der Sitz liegt zwar an prominenter Stelle, wird aber dennoch gern übersehen. Erst seit die Skulptur »Vasen auf Stelzen« von Franz Stähler auffällig platziert wurde, wird man auf den schmucken Bau nach Plänen von Heinrich Hübsch wirklich aufmerksam, denn er duckt sich etwas hinter Friedrichsbad und Stiftskirche. Errichtet wurde das Gebäude zwischen 1846 und 1848 im Stil eines toskanischen Landhauses. Nur noch die im Untergeschoss eingefasste Thermalquelle erinnert an die ehemalige Nutzung, die durch den Bau des Friedrichsbades überflüssig wurde.

Gegründet wurde die Gesellschaft 1955 durch den Kunsthistoriker Dietrich Mahlow, den Journalisten Leopold Zahn und den Künstler Klaus Jürgen Fischer. Ob Malerei, Bildhauerei, Fotografie, Videokunst oder Performances – es wird ausgesucht und präsentiert. Künstler werden zu Wettbewerben und Ausschreibungen eingeladen, Kunstpreise und Berufungen im Verein kundgetan. Sonstiges Ziel des Vereins? Man möchte sowohl den Mitgliedern als auch der Allgemeinheit zeitgenössische Kunst präsentieren, untermauert durch Vorträge, Lesungen, Dialoge. Man fördert und gibt Gelegenheit auszustellen, finanziert durch Vereinsbeiträge und Spenden. Enge Kontakte zu anderen Institutionen sind hilfreich, die Liste ist dabei ebenso international wie die Mitglieder. Eine lange Tradition hat die Verleihung des Kunstpreises »Künstler in Baden-Baden«. Seit 1982 wurde er zahlreichen Künstlern verliehen. Da geht was im Alten Dampfbad!

Steigt man nur ein paar Schritte die Schlossstaffeln zum Neuen Schloss hinauf, ergattert man einen ausgesprochen schönen Panoramablick über Baden-Baden.

Adresse Marktplatz 13, 76530 Baden-Baden, www.gfjk.de | Anfahrt A 5, Ausfahrt Baden-Baden, B 500 Richtung Stadtmitte, im Altstadtbereich parken, am besten am Friedrichsbad, Altes Dampfbad direkt daneben | Öffnungszeiten Di–Fr 15–18 Uhr, Sa, So und Feiertage 11–17 Uhr; Eintritt frei, Spende erwünscht | Tipp Am Schlossberg in der historischen Altstadt befindet sich die Weinstube im Baldreit mit tollem Innenhof im Sommer und schönem Gewölbe im Lokal. Die Küche ist ausgezeichnet (Küferstraße 3).

25 Das Bergwachthäusle

Spektakuläre Felskanten am Battert

Man knattert zum Battert, wenn man gern klettert – das ist die scherzhafte Kurzfassung. Die außergewöhnliche Felsenwelt aus zerklüftetem Porphyr ist bei Sportkletterern bekannt und beliebt. Vom Anfänger bis zum Könner findet hier jeder seine spezielle Kletterroute. Die Wände, Risse und Überhänge bieten unterschiedlichste Schwierigkeitsgrade in 569 Metern Höhe.

Auf dem seit 1981 unter Naturschutz stehenden Felsmassiv kann man sich aber auch ohne Helm, Klettergurt, Seil und Karabiner an herrlichen Panoramablicken erfreuen. Es gibt Wanderwege obenrum, untenrum oder mitten durch. Vom Oberen Felsenweg kann man einen kurzen Abstecher zur Bergwachthütte auf der Falkenwand einlegen. Sie wird durch die Ortsgruppe Baden-Baden der Bergwacht Schwarzwald betreut und ist in der Regel sonntags und an Feiertagen besetzt. Man kann sich hier zwar unterstellen, aber ansonsten dient sie ausschließlich der Bergwacht. Die Hütte liegt einmalig schön und malerisch wie auf Felsen drapiert. Die starke Frequentierung der Battertwände und Felssäulen macht die Bergwachtstation durchaus sinnvoll. Es muss ja nicht immer gleich der Hubschrauber sein, der nach einem Kletterunfall leider auch schon mal einfliegen musste. Die »Bergretter-Hütte« wurde übrigens 2023 umfangreich saniert.

Am Wochenende ist an den Battertfelsen immer viel los. Das führt mitunter zu Interessenskonflikten. So ist seit Ende 2022 die Badener Wand mitsamt der dortigen 50 Klettertouren gesperrt, die Felsenbrücke wurde demontiert. Der Bruterfolg der Wanderfalken soll damit verbessert werden.

Insgesamt hält das Bergmassiv wunderbare Ausblicke bereit, und wer in Ebersteinburg startet, dem bietet sich als mögliches Ziel auf der westlichen Seite die Ruine Schloss Hohenbaden, auch Altes Schloss genannt. Im Außenbereich der ebenso beeindruckenden wie geschichtsträchtigen Anlage gibt es einen kleinen Kiosk.

Adresse Battertfelsen, Parkplatz Herreneckerstraße / Battertweg, Ebersteinburg, 76530 Baden-Baden | **Anfahrt** über die L 67 und am Kreisel nach Ebersteinburg oder von Baden-Baden über die Rotenbachtalstraße, Parkplatz in Ebersteinburg an der Ecke Herreneckerstraße / Battertweg | **Tipp** Eine Wanderung zur Burg Alt-Eberstein durch die Wolfsschlucht und am Lochfelsen vorbei mit herrlichem Blick ins Rheintal lohnt sich. Zur derzeit nicht zugänglichen Burg führt auch ein kurzer Panoramaweg in Ebersteinburg.

26 Das Funkhaus

Warum es so viele Elche im Schwarzwald gibt

Auch wenn einem die warmen Bäder in Baden-Baden zu Kopf steigen können, ein Schwarzwaldelch, wie er zunächst hieß, heute »SWR3-Elch« genannt, wurde nie gesichtet – leider. Er war von Anfang an nur ein Soundschnipsel eines Plüschtier-Stimm-Moduls. Oft genug wiederholt, setzte sich das Elchröhren in den Köpfen der Hörer fest, und das Tier avancierte zum Maskottchen. Wiederholungen sind hier in »Baden«, abgeleitet vom lateinischen »aquae« (Wasser/Bäder), offensichtlich Standard. Die Dopplung im Namen Baden-Baden ergab sich erstens aus dem Alt- und Mittelhochdeutschen »bei den Baden« und zweitens als zusätzliche Abgrenzung zu anderen Bäderstädten und anderen Herrschaftslinien, beispielsweise zu Wiesbaden oder Baden-Durlach.

Und wie kam es zum Funkhaus in Baden-Baden? Vieles in der bedeutenden Kurstadt ist bis heute russisch beeinflusst durch einstige adelige Verbindungen des Hauses Baden mit der russischen Zarenfamilie sowie später durch russische Literaten, die die Stadt besuchten und daheim als lohnenswertes Ziel in ihren Werken empfahlen. Hier liegt der Fall anders: Der SWF wurde nach dem Zweiten Weltkrieg in der französischen Besatzungszone als Sender in den Ländern Baden, Württemberg-Hohenzollern und Rheinland-Pfalz gegründet, der SDR in der amerikanischen Besatzungszone für das Land Württemberg-Baden. Später wurden die Bundesländer Baden-Württemberg und Rheinland-Pfalz mit zwei Sendern daraus. Noch viel später, 1998, kam die Fusion beider Sender zu einem Südwestrundfunk.

Im SWR Funkhaus Baden-Baden – jetzt mit neuem Medienzentrum, denn der Elch speckte ab, man rückte multimedial zusammen – kann man nach Voranmeldung an Besucherführungen teilnehmen, auch durch die Studiowelt der Serie »Die Fallers – eine Schwarzwaldfamilie«. Alljährlich schaut man außerdem über den Elchgeweih-Tellerrand, denn mit dem New Pop Festival verwandelt SWR3 die Stadt in eine »NewPopCity«.

Adresse Hans-Bredow-Straße, 76530 Baden-Baden, www.swr.de | Anfahrt A 5, Ausfahrt Baden-Baden, B 500 Richtung Stadtmitte, im Tunnel letzte Ausfahrt auf Lichtentaler Straße Richtung Stadtmitte, am Kreisel auf Bertholdstraße und weiter auf Fremersbergstraße, Funkhaus linker Hand | Tipp Direkt unterhalb liegt das Wirtshaus Molkenkur mit lauschigem Biergarten (www.molkenkur-baden-baden.de) und etwas nördlich vom Funkhaus das E-Werk, ein altes Industrie-Schmuckstück, ehemals Dreh- und Veranstaltungsort der Talkshow »Nachtcafé« (Waldseestraße 15, www.stadtwerke-baden-baden.de).

27 Das Kloster Lichtental

Aktives Kloster und markgräflicher Grablegeort

Die Grablegeorte des Hauses Baden wechselten über die Generationen. Die ersten Markgrafen fanden ihre letzte Ruhe in der Stiftskirche von Backnang. Markgräfin Irmengard von Baden gründete im Jahr 1245 das Kloster Lichtental als Grablege der badischen Markgrafen und ließ die Gebeine ihres verstorbenen Gatten von Backnang nach Lichtental überführen, sie selbst wurde später neben ihm bestattet. Zusätzlich baute man im Kloster die Fürstenkapelle, in der fortan zwischen 1288 und 1424 die Familienmitglieder zur letzten Ruhe gebettet wurden.

Auch das Herz von Markgraf Ludwig Wilhelm von Baden-Baden, genannt »Türkenlouis«, wurde 1707 hier – wie damals üblich – separat bestattet. Später, bis 1793, wurde die Stiftskirche von Baden-Baden als Grablege benutzt. Hier wurden die Gebeine des »Türkenlouis« beigesetzt, seine Ehefrau wurde dagegen in der Schlosskirche zu Rastatt bestattet. Die Linie Baden-Durlach wählte St. Michael in Pforzheim, danach folgte zunächst die Karlsruher Konkordienkirche als Grablege. Nach der Umgestaltung des Marktplatzes wurde diese abgerissen und der 1738 verstorbene Stadtgründer von Karlsruhe, Markgraf Karl Wilhelm, wurde unter die Pyramide auf dem Marktplatz umgebettet. Abschließend diente die Grabkapelle im Hardtwald als letzte fürstliche Ruhestätte.

Doch genug zum Thema Grablege. Hier in der Cistercienserinnen-Abtei wird gelebt, gebetet und gearbeitet. Der Ort ist von Spiritualität, Stille und innerer Einkehr geprägt. Das spürt man auch im wunderschönen, von Platanen bestandenen Innenhof. Weltliches Leben findet im Café Lumen und im Klosterladen statt, Ruhesuchende sind in der Klosteranlage im Gästehaus willkommen. Es stehen auch Tagungs- und Meditationsräume zur Verfügung. Die Klosterkirche ist zum stillen Gebet offen. Auch Kurse, Veranstaltungen sowie Konzerte werden im Kloster Lichtental organisiert. Ein Ort für Auszeiten.

Adresse Hauptstraße 40, 76534 Baden-Baden, www.abtei-lichtenthal.de | **Anfahrt** A5, Ausfahrt Baden-Baden, B 500 Richtung Stadtmitte, durch den Tunnel und weiter zum Kloster Lichtental | **Öffnungszeiten** Hof immer zugänglich | **Tipp** Lohnend ist ein Ausflug zum Geroldsauer Wasserfall, dessen Umgebung von Rhododendren eingefasst ist. Die Waldgaststätte Bütthof ist ein schönes Einkehrziel (Bütthof 1, www.buetthof.de).

28 Das Paradies

»Schöner Wohnen« der 1920er Jahre

Was genau ist hier das Paradies? Wasserkunst von 1925 nach den Plänen des Architekten Prof. Max Laeuger, der ein Händchen für Keramik und Gartendesign hatte. Über 40 Höhenmeter und zwei Straßen hinweg läuft hier das Wasser über Kaskadenbrunnen den Annaberg in direkter Falllinie hinunter. Die Wasserkunst-Schneise bietet einen unverbauten Blick auf die Stiftskirche mit ihrem markanten Turm und den Friesenberg gegenüber.

Die talwärts geneigte Gartenanlage lässt ein Schloss erwarten, denn sie ist stark an italienische Renaissancegärten und Schlossparkanlagen angelehnt. Links und rechts säumen akkurat geschnittene Hecken und Pflanzensäulen die Wasserstufen, dahinter sind stilvolle Villen aus derselben Zeit in akkurater Anordnung zu finden. »Schöner wohnen« war wohl der Plan. Die Kaskaden werden ergänzt durch Wasserspiele, Fontänen und eine Grotte mit Säulenarkaden – ein Gesamtkunstwerk, um dessen Erhaltung sich seit 20 Jahren der Verein Freundeskreis Paradies kümmert. Durch die Ergänzung zweier fehlender Brunnenschalen mit Fontänen wird die Rekonstruktion des Originalzustandes angestrebt.

Oberhalb schließt sich die Talstation der MerkurBergbahn an. Seit ihrer Eröffnung im Sommer 1913 befördert sie täglich von 10 bis 22 Uhr Besucher auf den 668 Meter hohen Hausberg Baden-Badens. Die steile Standseilbahn verfügt über zwei Wagen mit je 12 Sitz- und 26 Stehplätzen. Oben angekommen, genießt man einen herrlichen Blick auf die Altstadt und schaut weit in die Rheinebene hinein. Überraschend steil ist übrigens in einem Teilbereich auch die Anfahrt.

Wer sich dem Paradies von der Lichtentaler Straße über die Stephanienstraße nähert, traut im unteren Teil der Scheibenstraße kaum seinen Augen: Sind das die Straßen von San Francisco? Es geht im niedrigen Gang sehr steil an der Mauer entlang nach oben, möglichst ohne zwischendurch bremsen zu müssen. Gehalten wird erst am Paradies.

Adresse Bernhardstraße, 76530 Baden-Baden | **Anfahrt** A 5, Ausfahrt Baden-Baden, B 500 Richtung Stadtmitte, vor dem Tunnel Richtung Ebersteinburg halten, weiter über Rotenbachtalstraße und Bernhardstraße | **Tipp** Zwischen dem Paradies und der Talstation der MerkurBergbahn liegt das Waldcafé Baden-Baden Restaurant & Hotel mit Außenterrasse und Eckbänken und Kachelofen im Innern (Merkuriusberg 1, www.waldcafe-baden-baden.de).

29 Die Stourdza-Kapelle

Ein magischer rumänisch-orthodoxer Ort

Sie liegt in unmittelbarer Nähe zu den touristischen Highlights von Baden-Baden: Trinkhalle, Kurhaus, Casino, Theater, Kunsthallen. Doch sie hält sich etwas bedeckt am Michaelsberg, auf gleicher Höhe wie Schloss Solms. Was sie nicht verheimlichen kann, ist ihre wunderbar in der Sonne glitzernde güldene Kuppel – trotz der sie umgebenden beeindruckend großen Mammutbäume.

Die Vergoldung und damit Wiedererlangung des Originalzustandes ist noch gar nicht so lang her. 2020 wurde das Gotteshaus mit Mitteln aus privaten Spenden restauriert. Mehr als 35.000 8 mal 8 Zentimeter große Teile Blattgold waren nötig, um die Dachflächen der Stourdza-Kapelle goldig zu verzieren. Erbaut wurde sie zwischen 1863 und 1866 im neuklassizistischen Stil, die Architekten waren Leo von Klenze und Georg von Dollmann. Sie ist eine fürstliche Grabkapelle. Fürst Michael Stourdza, der Herrscher von Moldau, verließ nach der Revolution von 1848 den Thron und das Land, lebte danach in Paris und hielt sich im Sommer gern in Baden-Baden auf. Sein Sohn Kronprinz Michael starb unerwartet als Jugendlicher, woraufhin die Eltern zu seinen Ehren die Familiengrabkapelle errichten ließen.

Heute steht das zur Jahrtausendwende über einige Jahre aufwendig restaurierte Gotteshaus unter der Verwaltung der Stadt Baden-Baden und ist ein wichtiges Kulturdenkmal. Wieder eingeweiht wurde die Kapelle 2002 vom heutigen Oberhaupt der rumänisch-orthodoxen Kirche unter Beteiligung der Nachkommen der Familie Stourdza sowie Vertretern und Gläubigen einiger beteiligter Nationen. Die Ikonen, die Wandmalereien, der Boden, die 24 Meter hohe Kuppel, die Akustik – all das zieht die Besucher in den Bann. Die gestreifte Fassade besteht aus weißem, rotem und braunem Sandstein. Sie ist sozusagen »geringelt«.

Das Portal zieren vier ionische Säulen. Der Kapellenplatz mit umgebendem Park ist ein Ort der Ruhe mit anmutiger Pracht.

Adresse Stourdzastraße 2, 76530 Baden-Baden | **Anfahrt** A 5, Ausfahrt Baden-Baden, B 500 Richtung Stadtmitte, im Bereich Kurhaus parken, an der Trinkhalle vorbei durch den Kurpark und den Michaelsberg hinauf zur Kapelle | **Öffnungszeiten** Mo–Fr 16.30–19.30 Uhr, Sa 9–12.30 Uhr, So 8–13 Uhr | **Tipp** Von der Kapelle aus kann man zu zwei idyllischen Waldseen an der Waldseestraße wandern, oder man steigt auf den 525 hohen Fremersberg mit Turm und Restaurant im Hüttenstil. Tolle Aussicht, tolles Essen!

30_ Das Nationalparkzentrum

Zwischen Skywalk und Unterwelt

Hier wurde nicht gekleckert, sondern geklotzt. Deshalb kann man diesen Ort im Nordschwarzwald auch nicht außer Acht lassen – schließlich ist »er« hier ja genau das Thema – vor Ort, im Nationalpark. Viele Jahre wurde um ihn gerungen, man hat Genehmigungsverfahren durchgeführt, Gebiete abgesperrt und ausgeschildert.

Der 1. Januar 2014 war der offizielle Gründungstag des Nationalparks Schwarzwald. Er besteht aus zwei Teilflächen am Hauptkamm des Nordschwarzwaldes – eine am Ruhestein, die andere am Hohen Ochsenkopf/Plättig. Dort geht es jetzt laut Nationalparkslogan »eine Spur wilder« zu.

Wild ist das Nationalparkzentrum nicht, eher nordisch klar gehalten. Lange, aufeinanderliegende kantige Riegel bilden gestapelte Totholzstämme nach. Für das Prestigeobjekt wurde natürlich ein Architekturwettbewerb ausgeschrieben, den ein interdisziplinäres Planer-Team gewann. Das Ergebnis ist modern und kommt ohne Dachgiebel und Schnörkel aus. Man wollte, dass für den Bau so wenige Bäume wie möglich weichen müssen, vielmehr sollten sie integriert werden und den Eindruck fördern, sich mitten im Wald zu fühlen. Viel Holz und Glas, zum Wald hin offen, mit freistehenden Treppen und viel Luftraum ist der Eingangsbereich mit Cafeteria ein sehr gelungener Empfang.

Blickfang ist in jedem Fall der Skywalk auf Höhe der Baumkronen – »die Brücke der Wildnis« – mit einem schrägen, kantigen Stützpfeiler, der als Aussichtsturm dient. Dieser Bereich ist kostenlos zugänglich, nur für die interessante interaktive Dauerausstellung zum Thema »wilder werdender Wald« ist ein Ticket erforderlich. Man kann hier wie ein Vogel über den Tannen schweben, tief in die Unterwelt der Pilze eintauchen und die Lebensphasen des Waldes nachvollziehen. Nach so vielen Eindrücken ist der wunderbare Ruheraum am Ende eine Wohltat. Und das Panoramafenster öffnet den Blick auf die reale Wildnis.

Adresse Ruhestein 1, 72270 Baiersbronn-Ruhestein, www.nationalpark-schwarzwald.de | Anfahrt über die B 500 oder die L 401 von Baiersbronn, Parkplatz direkt am Nationalparkzentrum und am Ruhesteinlift | Öffnungszeiten Mai – Okt. Di – So 10 – 18 Uhr, Nov. – April Di – So 10 – 17 Uhr, umfangreiches Veranstaltungsprogramm siehe Homepage | Tipp Empfohlen sei die Wildseeblick-Wanderung, die ebenjenen ermöglicht und zur urigen Darmstätter Hütte als Einkehrwendepunkt führt. Es lohnt auch ein Blick hinter das Nationalparkzentrum, denn dort steht die beeindruckende Große Ruhesteinschanze.

31_Die Panorama-Hütte

Satte Almwiesen, satte Wanderer

Baiersbronn ist eine Nationalparkgemeinde der Superlative, nicht zuletzt weil sie die größte Tourismusgemeinde Baden-Württembergs ist. Bestehend aus fünf Teilorten, vier Ortschaften und über 100 Dörfern, liegt sie im Flächen-Ranking direkt hinter der Landeshauptstadt Stuttgart.

Über alle Grenzen hinweg bekannt ist Baiersbronn jedoch für seine Spitzengastronomie – das Dorf der Sterneköche. Die touristische Infrastruktur und der Charakter der Gemeinde sind aber nicht allein auf dieses Thema begrenzt, man holt den Gast ab mit den Worten: Mehr Schwarzwald gibt's nirgends! Stimmt auch irgendwie, denn weite Teile des Nationalparks Schwarzwald liegen auf Baiersbronner Gemarkung.

Der Oberlauf der Murg wird gesäumt von breiten Wiesenflächen, die sich seitlich den Hang hinaufziehen. In den oberen Bereichen der Bergzüge schließt sich dann der Wald an. Das macht den Landschaftseindruck sehr lieblich und kommt der Idealversion einer Modelleisenbahn-Kulisse relativ nah. Ein dichtes Netz an ausgewiesenen Wanderwegen, Premiumwegen, Mountainbike-Strecken und Erlebniswegen macht die Natur ganz nach eigenem Gusto erlebbar. Unterwegs oder danach ist ein Einkehrschwung immer schön, beispielsweise in der Panorama-Hütte oder auf der Aussichtsterrasse mit Veranda davor. Die noch relativ junge Hütte erfüllt die ganz alten Träume: eine malerische Aussicht von der Wiesenalm in die Weite, Entspannung und eine wohlige Atmosphäre. Sie liegt auf 620 Metern Höhe oberhalb von Schwarzenberg im Bereich der Vorderen Löchleswiesen und ist per Spaziergang gut zu erreichen. Ganzjährig bewirtschaftet, werden hier traditionelle schwäbisch-badische Schmankerl und »Veschperteller« serviert, zum Teil nach Kulinarischem Kalender. Vor der Hütte sitzend, kann man Raum und Zeit vergessen und den Blick über das Murgtal gleiten lassen. Auch mit Kindern lohnt sich ein Ausflug hierher.

Adresse Löchleswiese 2, 72270 Baiersbronn-Schwarzenberg, www.sackmanns-panorama-huette.de | **Anfahrt** B 462 bis Schwarzenberg, dann in die Kirchstraße einbiegen, Parkplatz am Wanderhotel Sackmann oder etwas weiter oben an der Kirche, von dort zu Fuß weiter | **Öffnungszeiten** ganzjährig 11–18 Uhr, im Winter 11–17 Uhr | **Tipp** Der Seidtenhof ist einer der ältesten noch erhaltenen und landwirtschaftlich aktiven Höfe im Murgtal. Hier gibt es Bio-Rindfleisch, einen Hofladen und hausgemachtes Schwarzwälder Speiseeis (Reichenbacher Weg 46, www.seidtenhof.de).

32 Der Abenteuerspielplatz

Zwischen Burg, Reben und Schwarzwald

Die Vorbergzone zwischen Bühl und Durbach liegt eingebettet zwischen Reben und hat den Schwarzwald mit Naturparkregion und Nationalpark im Rücken. Der Blick auf die Rheinebene ist spektakulär. Oft sind gerade diese landschaftlichen Übergänge die wirklich interessanten Bereiche und in hohem Maße abwechslungsreich. Genuss wird hier großgeschrieben, und die sich aneinanderreihenden Weinorte sind nicht nur touristisch äußerst ansprechend, sondern auch ein wunderbares Stück Heimat.

Aber was genau ist Heimat? Weiter südlich hat sich der Künstler Stefan Strumbel immer wieder provokant mit diesem Thema auseinandergesetzt und stellt tradierte Dinge wie beispielsweise Kuckucksuhren in ungewohnt schrille Kontexte. In Offenburg kann man das im sanierten, historischen und von Stefan Strumbel erworbenen Kesselhaus mit Kunst und Kulinarik erleben. Doch das ist Erwachsenenkram. Ein Ausflug mit Kindern zum Spielplatz an der Burg Windeck ist für die ganze Familie ein Traum. Der Abenteuerspielplatz bietet vielfältige Spielgeräte für jedes Alter, und die Aussicht auf die Umgebung ist überragend.

Die Burgruine, die man besichtigen und deren Turm man besteigen kann, wirkt daneben wie eine Kulisse. 800 Jahre Geschichte, errichtet von den Herren von Windeck. In der Burganlage befinden sich ein Hotel und ein gastliches Restaurant mit spektakulärer Terrasse oberhalb der Weinberge. Der Walderlebnispfad hinter der Burgruine soll als »Achtsamkeitspfad« bald in neuem Glanz erstrahlen. Der Naturpark Schwarzwald Mitte/Nord fördert das Projekt. Alles soll noch 2024 fertiggestellt werden, um den Wald dann angeleitet und mit allen Sinnen erlebbar zu machen – »Waldbaden« liegt ja voll im Trend.

Nicht verwechseln sollte man diesen Ort mit der Burg Neu-Windeck – das würde zu Enttäuschungen bei den Kleinen führen, da diese Ruine ebenfalls schön, aber ohne Abenteuerspielplatz oberhalb von Lauf liegt.

Adresse Kappelwindeckstraße 104, 77815 Bühl, www.burg-windeck.de | Anfahrt auf der B 3 von Bühl nach Süden, dann auf die K 3749 und die Rungsstraße Richtung Riegel und Waldmatt, Weg zur Burg ausgeschildert, Parkplätze in begrenzter Anzahl | Tipp Zu empfehlen ist die gute Küche im Hotel-Restaurant Jägersteig. Die mit Palmen bestandene Aussichtsterrasse lockt zum gepflegten Sunset (Kappelwindeckstraße 95A, www.jaegersteig.de).

33 Die Kloster-Oase

Neue Lebensformen in alten Mauern

Vieles ist hier noch im Werden. Fakt ist: Die letzten Ordensschwestern verließen 2021 aus Altersgründen und Nachwuchsmangel das Kloster Neusatzeck und zogen in ein Kloster nach Freiburg um. In Spitzenzeiten lebten bis zu 230 Schwestern hier. 1855 gründete Pfarrer Joseph Bäder das Kloster, nachdem zwölf Frauen den Eckhof in Neusatzeck gekauft und ein gemeinschaftliches Leben mit karitativer Arbeit begonnen hatten.

Heute dreht sich im Kloster alles darum, eine Körper-Seele-Geist-Balance zu entwickeln. Die Genossenschaft »Kloster-Oase eG« wurde gegründet, um das ehemalige Kloster zu nutzen und für die Zukunft zu erhalten. Es gibt ein Leitbild und eine Vision, Mensch und Umwelt stehen im Fokus. Neue Wohnformen entstehen, Gemüse und Obst werden angebaut, Seminare und Kulturveranstaltungen finden statt, Yoga, Entspannung, Gesundheitsförderung – kurz: eine Gemeinschaft mit Synergieeffekten. Das setzt ein hohes Maß an ehrenamtlichem Engagement sowie Offenheit voraus.

Auch Gästezimmer stehen zur Verfügung, deshalb können Yoga- und andere Seminar-Wochenenden angeboten werden. Um den Ruheort nicht zu stören, sollte man vor Besuchen unbedingt die auf der Homepage angegebenen Infotage und Angebote beachten. Man darf gespannt sein, wie sich das Projekt entwickelt, mutig ist es allemal.

Eine Herausforderung war auch die Sanierung der Pfarrkirche St. Karl Borromäus in Neusatz. Die kleine Dorfkirche ist eine kleine Sensation, denn sie birgt wunderbar erhaltene Wand- und Deckengemälde mit Stilelementen des Jugendstils und der Neuromantik, gemalt von Josef Wagenbrenner aus Rastatt. Eine gewaltige Summe war notwendig, die die Denkmalstiftung und vor allem die Bürger der Gemeinde in Form von Spenden aufbrachten. Erbaut wurde die seinerzeit sehr moderne Kirche zwischen 1911 und 1913 vom Leiter des Erzbischöflichen Bauamtes in Karlsruhe Johannes Schroth, der damit ebenfalls als mutig galt.

Adresse Neusatzeck, Josef-Bäder-Weg 2, 77815 Bühl-Neusatzeck, www.kloster-oase.de | Anfahrt von der B 3 in Ottersweier auf die L 86a, dann über Hubstraße und Neusatzer Straße nach Neusatz und weiter nach Neusatzeck, ehemaliges Kloster an der Hauptstraße | Tipp Die sehr sehenswerte Jugendstilkirche St. Bernhard in der Weststadt von Baden-Baden entstand ebenfalls nach dem Entwurf von Johannes Schroth (Bernhardusplatz 2).

34 Das berühmte Tor

Es sollte Türen öffnen, nicht nur im Schlosshotel

Was waren das einst für klangvolle Namen an der Schwarzwaldhochstraße, sowohl das ehemalige Kurhotel Plättig als auch das einstige Schlosshotel Bühlerhöhe. Doch die goldenen Zeiten sind perdu.

Hertha Isenbart war ein Kind der äußerst wohlhabenden Familie des Breslauer Julius Schottländer und die spätere Witwe des Generalmajors Wilhelm Isenbart. Lediglich eine kleine Schutzhütte erinnert hier oben noch an sie und trägt ihren Namen. Sie steht auf einem imposanten Felsen mit einer phantastischen Aussicht über das Bühlertal bis in die Rheinebene. Dabei war es doch gerade Hertha Isenbart, die auf der Bühlerhöhe Glanz in die Hütte brachte.

Das Schlosshotel Bühlerhöhe wurde 1912 zum Andenken an ihren verstorbenen Ehemann als Genesungsheim für Offiziere konzipiert. Die Ehe der Isenbarts galt in Kreisen der besseren Gesellschaft als skandalös, da die Beziehung begonnen hatte, als beide noch mit anderen Partnern verheiratet waren. Auch die Investition in das Genesungsheim und das Strampeln um gesellschaftliche Anerkennung als Witwe brachten am Ende nichts. Ihre ursprüngliche Aufgabe erfüllte die Bühlerhöhe nie. Der Bau nach norditalienischem Vorbild verschlang mehr Geld als gedacht, und noch bevor Hertha Isenbart das Gebäude wie geplant Kaiser Wilhelm II. schenken konnte, brach der Erste Weltkrieg aus. Sie hatte viel gewagt und viel verloren, war enterbt worden, litt an Depressionen und beging am 15. Juli 1918 Selbstmord.

Nach dem Krieg wurde die Bühlerhöhe zunächst Kurhaus, später ein Luxushotel, in dem Industrielle und internationale Persönlichkeiten und Politiker wie Konrad Adenauer logierten. Tja, und auch Hitler und Mussolini hatten hier 1933 ein geheimes Kurztreffen. Das erfuhr die aus einer jüdischen Familie stammende Hertha zum Glück nicht mehr. Aufstieg und Fall – die Bühlerhöhe ist ein Ort mit wechselhafter Geschichte. Beide Hotels am Plättig sind heute geschlossen.

Adresse Schwarzwaldhochstraße 1, 77815 Bühl-Plättig | Anfahrt über die B 500 bis zum Parkplatz Bühlerhöhe/Plättig | Tipp Der Parkplatz Plättig ist Ausgangspunkt für den Luchspfad und den Wildnispfad. Beide sind gut ausgeschildert und bieten tolle Highlights (www.nationalpark-schwarzwald.de).

35 Das Friedenskreuz

Auf dem Ortenauer Friedenspilgerweg

Man kann den Nordschwarzwald »hintenrum« angehen oder von »vorn«, von der Rheinebene über die Vorbergzone, die sich in dieser Gegend Ortenau nennt. Die Schwarzwaldhöhen hat man stets vor Augen, wenn man hier loswandert: Bühlerhöhe, Mehliskopf, Hochkopf, Hornisgrinde. Nicht ohne Grund befindet sich der Sitz der Geschäftsstelle Naturpark Schwarzwald Mitte/Nord im Haus des Gastes in Bühlertal – mittig sozusagen. Der Friedenspilgerweg ist ein guter Weg für alle, die ihre innere Mitte suchen. Im Gehen entdeckt man neue Perspektiven.

In diesem Fall folgt man einfach den Friedenstauben-Schildern. Los geht's am Friedenskreuz in Bühl-Rittersbach. Ein schlichtes, aber imposantes, 14 Meter hohes Kreuz auf einer kleinen Anhöhe. Es hat seit über 70 Jahren Symbolcharakter, steht für Frieden und Versöhnung und ist mit dieser Botschaft aktueller denn je. Als Baumaterial dienten Kriegstrümmer des Westwalls und der Maginot-Linie sowie Felsstücke des Monte Cassino – geschichtsträchtig und mahnend. Das nimmt man mit auf diesen Weg, wobei die Natur auch die unbeschwerte Seite des Lebens aufblühen lässt. Weinreben und Obstbäume machen diese Landschaft lieblich.

Man passiert den 1265 erstmals erwähnten Aspichhof. Ein wunderschön gelegener Bauernhof mit vielen Aufgaben und Sparten: Viehstall, Molkerei, Bäckerei, Metzgerei und Gärtnerei. Noch dazu ist er eine soziale Einrichtung mit therapeutischen Wohn- und Arbeitsmöglichkeiten. Mensch, Tier, Hof – friedvoll, würdevoll und schön. Und wegen der ansprechenden Kulisse kürzlich ein Tatort-Drehort.

Vorbei an den Gaishöll-Wasserfällen wandert man später das Brandbachtal aufwärts und gelangt zum Sasbachwaldener Zielort, der Friedenskapelle St. Katharina. Sie ist klein, aber fein, verfügt über sehr schöne Glaselemente und eine tolle Lage. Ein freundlich-friedlicher Abschluss des Pilgerwegs. Dort angekommen, hat man was hinter sich gelassen.

Adresse Friedensweg, 77815 Bühl-Rittersbach | Anfahrt von der Hauptstraße zwischen Bühl und Ottersweier auf den Friedensweg einbiegen, Kreuz weithin sichtbar | Tipp Gleich neben der Friedenskapelle bietet der Spinnerhof rustikal-modernes Ambiente mit Biergarten und Erlebnisbrennerei (Am Schloßberg 8, www.spinnerhof.de).

36_Das Bergzentrum im Norden

Der Mehliskopf – ein Tausendsassa

Bei guter Schneelage beginnt der Autokorso in die Hochlagen schon in Bühlertal oder in Baden-Baden an der Auffahrt zur Schwarzwaldhochstraße. Der Mehliskopf ist hier in der Region unangefochten die Nummer eins, was alpinen Skizirkus betrifft. Es ist das erste erreichbare Skigebiet für die Karlsruher und Pfälzer. Klar, der Weg in die Alpen ist nicht weit, und dort gibt es ambitioniertere Pisten und mehr Lifte. Aber die ganze Aktion ist an einem Tag kaum zu bewältigen, und finanziell kämen noch Abendessen und Übernachtung obendrauf. Zum Mehliskopf kann die Familie auch mal gleich nach der Schule oder noch am Feierabend aufbrechen. Flutlichtfahren und Après-Ski-Hits werden auch dort geboten. Skischule, Snowpark, Skiwandern, Langlauf: Man ist seit Jahrzehnten auf Schneeliebhaber eingestellt.

Die bittere Wahrheit ist allerdings: Der Schnee bleibt immer öfter und immer länger aus. Die Schneekanonen für Kunstschnee kann man nur nutzen, wenn es kalt genug ist. Tatsache ist aber: Es wird langsam und stetig immer wärmer. Die Nordschwarzwälder Skigebiete an der Schwarzwaldhochstraße sind gezwungen, Alternativen am Freizeithimmel zu erarbeiten, damit die Gästezahlen in der Region im Jahresdurchschnitt nicht sinken.

Am Mehliskopf ist man vorbereitet: Ganzjahres-Bobbahn, Klettergarten, Downhill-Carts und so weiter. Deshalb nennt man sich auch Freizeitzentrum. Es wird sich zeigen, wohin die Reise geht, klimatisch und im Freizeitbereich. Auch ohne Schnee ist der zur Schwarzwaldhochstraße parallele Wanderweg etwas oberhalb wirklich schön. Man genießt immer wieder tolle Blicke ins Rheintal. Bei dem Spaziergang bleibt man weitestgehend auf einer Höhe. Südliches Ziel ist Unterstmatt, die übernächste Skipiste nach Hundseck. Die dortige Gaststätte und Pension »Zur großen Tanne« bietet eine urige Hüttenstube, auch ganz ohne Schnee.

Adresse Mehliskopf Freizeitzentrum, 77818 Bühl-Sand, www.mehliskopf.de | **Anfahrt** über die B 500 oder Bühl, Bühlertal bis Sand, dann ein kurzes Stück auf der L 83 Richtung Herrenwies bis zum Lift-Parkplatz | **Tipp** Noch weiter südlich liegen die Skigebiete Seibelseckle, Ruhestein, Zuflucht an der Schwarzwaldhochstraße und der Kniebis. Es gibt eine umfassende »Winterkarte Nationalparkregion«, in der Lifte, Rodelhänge, Loipen, Winterwanderwege sowie Eissport-Möglichkeiten eingezeichnet sind (www.landkreis-freudenstadt.de).

37 Die alte Tuchfabrik

Von hier stammte elegante Meterware

Nicht jedes Industrie-Areal liegt so idyllisch wie die ehemaligen Hallen und das auffällige einstige Kesselhaus der Calwer Decken- und Tuchfabriken AG am Ufer der Nagold. Das alte Gebäude spiegelt sich atemberaubend schön im Wasser des Flusses. Bereits im 14. Jahrhundert stand hier eine Walkmühle, und 1650 gründete sich an dieser Stelle die »Calwer Zeughandlungscompagnie«, der Ursprung dieser Fabrikanlagen. Die Nagold und ihre Wasserkraft boten ideale Bedingungen fürs Waschen, Walken und Färben der Wolle.

Die Produktionspalette umfasste hochwertige Tuche wie beispielsweise Woll- und Kamelhaardecken. Qualität wurde großgeschrieben, und die elegante Meterware eroberte die internationalen Märkte. Modeateliers und Königshäuser gehörten zur illustren Kundschaft der Compagnie. Die Märkte veränderten sich jedoch, es kam zu Firmenzusammenschlüssen, und später entwickelte sich die »Calwer Decken- und Tuchfabriken AG«. Nichtsdestotrotz wurde der Betrieb 1997 endgültig eingestellt. Zunächst erfolgte noch ein Strukturwandel, man verlegte Schritte der Vorproduktion wie Spinnen und Weben ins östliche Ausland, aber die Globalisierung und zu hohe Produktionskosten im internationalen Vergleich sorgten für das Aus. Die Deckenfabrik war einst größter Arbeitgeber der Region, die Fabriksirene hatte dabei den Tag strukturiert, den Beginn, die Pausen und das Ende der Schichten vorgegeben.

Und nun? Der südliche Teil der Fabrikhallen wurde abgerissen, auf dem Gelände wurde ein Einkaufszentrum gebaut. Für den Rest gibt es städtebauliche Ideen, die das Kesselhaus, die Maschinenhalle und den Schornstein als eine Art Aushängeschild der Stadt erhalten sollen. Das wäre ein wichtiger Beitrag für die Calwer Identität und eine sichtbare Erinnerung an die industrielle Stadtgeschichte.

Vom Kesselhaus kann man immer an der Nagold entlang wunderbar in die Altstadt spazieren. Unterwegs ist dabei freudiges Treiben am Spielplatz auf dem Brühl geboten.

Adresse an der Nagold-Brücke, 75365 Calw | Anfahrt über die B 296 | Tipp Eine Brücke weiter, am gegenüberliegenden Nagoldufer, liegt das Brauhaus Schönbuch. Ein tolles Lokal in einer denkmalgeschützten ehemaligen Turnhalle mit Biergarten direkt an der Nagold (Auf dem Brühl 1, www.brauhaus-schoenbuch.de).

38 Das Georgenäum

Alles begann mit einem Bildungshaus

Das Gebäude im Stil des französischen Spätbarocks hebt sich auffällig von den Fachwerkhäusern der weiter unten liegenden Altstadt ab, obwohl es für die Dienste am »einfachen Volk« gedacht war. Den Eingang flankieren Skulpturen von Friedrich Schiller und Friedrich List. Gestiftet vom königlich-niederländischen Generalkonsul Emil von Georgii-Georgenau und seiner Frau Sophie Emilie Georgii, sollte das schöne Gebäude dazu beitragen, den allgemeinen Bildungsstand der Calwer zu erhöhen.

Das 1871 eingeweihte Haus sollte vor allem der Jugend eine Bildungsstätte mit Bibliothek, Vortragssaal, Lese- und Studierzimmern sein, und das ist es bis heute. Die Bibliothek war früher täglich von 8 bis 12 Uhr und von 13 bis 22 Uhr geöffnet – kein schlechter Service. Herr und Frau Georgii lebten eigentlich in Stuttgart und wählten Calw für den Stiftungsbau aus, weil Emil von Georgii 1820 dort geboren worden war. Ungewöhnlich und vermutlich der Stifterin sehr wichtig: »Der Besuch der Vorträge steht dem männlichen und weiblichen Geschlecht vom 14. Jahr an zu.« Zu jener Zeit war das noch unüblich, das Abitur blieb jungen Frauen verwehrt, aber hier sollten ausdrücklich auch Mädchen an außerhäuslicher und außerschulischer Bildung teilhaben – ganz schön fortschrittlich gedacht. Die Zeichen- und Modellierschule, die Volkshochschule und die Stadtbibliothek waren hier ebenfalls untergebracht.

Heute ist das Haus Sitz der Aurelius Sängerknaben, eines Knabenchors mit langer Tradition. Es gibt dort aber auch die Aurelius Singschule mit einem gemeinsamen Angebot für Mädchen und Jungs, die in der Chorgemeinschaft ihre Stimme und ihre Bühnenpräsenz schulen – eine professionelle Gesangsausbildung von Kindesbeinen an, für alle, ganz im Sinne der Stifter.

Das Gebäude liegt direkt am Hesse-Weg und am Stadtgarten, der mit zahlreichen Informationstafeln zum Leben und Wirken des Schriftstellers versehen ist.

Adresse Im Zwinger 3, 75365 Calw, www.aurelius.de/georgenaeum | **Anfahrt** über die B 296, direkt am Stadtgarten oberhalb der Altstadt | **Tipp** »Der Lange« liegt auf derselben Höhe und in Sichtweite vom Georgenäum. Er ist ein Turm der mittelalterlichen Stadtbefestigung und diente auch als Gefängnis, heute ist dort das Stadtarchiv untergebracht (Im Zwinger 22).

39 Die Statue »Die Huldigung«

… und ein bisschen Hesse ist überall

Die lebensgroße weibliche Figur wacht über den Marktplatz von Calw. Man begegnet ihr ganz unerwartet, denn sie fügt sich nicht ohne Weiteres in den äußeren Kontext ein. Aufrecht, klar und aus olivfarbenem Kambala-Holz gefertigt, kontrastiert sie fremdländisch mit der erhabenen Stadtkirche St. Peter und Paul aus Sandstein, vor der sie sich befindet. Doch sie ist nicht allein. Sie steht auf dem Rücken eines wesentlich kleineren männlichen Sockeltiers, macht sich groß, ist in Beziehung gesetzt zum Animalischen, zum Leben, zum Tod, zur Auferstehung und zum christlichen Glauben in ihrem Rücken.

Man kann sich dem Impuls, das wärmende Holz berühren zu wollen, nicht entziehen. Die Statue »Die Huldigung« fordert jedenfalls zum Dialog heraus – und etwas Besseres kann ja aus Künstlersicht kaum passieren. Ursprünglich hatte Klaus Henning die Skulptur 1983 für die Landesgartenschau in Lörrach geschaffen, danach wurde sie im Rahmen des Kunstsommers 1996 in Calw ausgestellt und 1998 von der Stadt Calw gekauft. So viel Weiblichkeit wirkt in der sonst so von Hermann Hesse geprägten Stadt ganz erfrischend. Wobei dessen Spuren, wie sollte es auch anders sein, gar nicht weit weg sind. In der Stadtkirche wurde Hermann Hesse getauft, sein Geburtshaus liegt nur wenige Schritte davon entfernt.

Der 1877 in Calw geborene Hermann Karl Hesse verbrachte seine Kindheit und Jugend in Calw, war aber geprägt von den baltischen Wurzeln seines Vaters sowie von den Verwandten mütterlicherseits, die international als Missionare tätig waren. Er hatte in seinem strengen schwäbischen Umfeld durch Erzählungen also diverse Einflüsse und Vergleichsmöglichkeiten mit ihm fremden Kulturen. Da passt die Skulptur ganz gut zu Hesse und zu Calw. 1946 wurde Hermann Hesse der Nobelpreis für Literatur verliehen. Auf der Nikolausbrücke steht eine Skulptur von ihm in Lebensgröße.

Adresse Stadtkirche St. Peter und Paul, Kirchplatz 2, 75365 Calw | Anfahrt über die B 296 | Tipp Ein Kleinod ist der Hesse-Garten zwischen Altburger Straße und Lederstraße am Bachlauf des freigelegten Hagbrunnens mit üppigen Pflanzen und Ruhebänken.

40 Die Klosterschule

Basketball am Renaissance-Glanzstück

Das Kloster Maulbronn ist UNESCO-Weltkulturerbe, in Hirsau arbeitet man noch daran. Die Anlage des ehemaligen Klosters ist auf jeden Fall einer der Stars unter den Nordschwarzwälder Ruinen. Es weht Geschichte um die sehenswerte Restsubstanz, man kann es förmlich spüren.

Teile einer einst mächtigen romanischen Säulenbasilika, Mauern und Bögen eines gotischen Kreuzgangs, Fassadenreste eines Jagdschlosses aus der Zeit der Renaissance. Innerhalb dieser Mauern stand 200 Jahre lang eine riesige Ulme – der von Ludwig Uhland besungene »Ulmenbaum«. Steht man vor den Grundmauern der einstigen Klosterküche und blickt hinüber zum Jagdschloss, erwartet man beinahe Harry Potter einfliegen zu sehen. Die Atmosphäre ist mystisch, vor allem, wenn das Wetter etwas düster ist. Man braucht eine Weile, um alles zu bestaunen, macht unzählige Fotos, denn jede Perspektive ist anders.

Das Benediktinerkloster hatte im 11. Jahrhundert weitreichende geistliche und politische Bedeutung. Abt Wilhelm entwickelte die Benediktiner-Reformen der französischen Abtei Cluny weiter – Askese, Disziplin, Gehorsam, Bescheidenheit, Brüderlichkeit. Das Kloster Hirsau übernahm damit eine Vorbildfunktion. In rund 700 Jahren leiteten insgesamt 59 Äbte die Abtei, davon waren 18 evangelisch. Diese führten auch die unter dem württembergischen Herzog Christoph 1556 aus dem Kloster entstandene Klosterschule, zu der sich später ein schmuckes, von Georg Beer 1589 bis 1593 gebautes Jagdschloss gesellte. Unterricht, musikalische Erziehung, Andachten – so sah der strenge Alltag der Schüler aus.

1692 zerstörten französische Truppen alles. Lediglich die Marienkapelle und der Eulenturm blieben erhalten. Heute zieren bunte Hüpfspiel-Bodenbilder den Klosterhof, und ein Basketballkorb wird von den Schülern der hiesigen Grundschule genutzt. Korbwürfe am Renaissance-Glanzstück – ein besonderer Anblick im Hier und Jetzt.

Adresse Klosterhof 3, 75365 Calw-Hirsau, www.calw.de | Anfahrt B 296 sowie B 463, Kloster ziemlich genau am Kreuzungspunkt, ausgeschildert | Tipp Von Hirsau aus kann man eine Tour zum Kuckucksfelsen Richtung Alzenberg und am Schinderbach entlang zurück machen, oder man wandert nordwärts zum Naturdenkmal Bruderhöhle. Die Höhle ist zwölf Meter lang und zwei bis drei Meter hoch, vermutlich wohnte hier einst ein Eremit.

41 Die Naturpark-Grundschule

Wie aus dem Bilderbuch

Das Gebäude der Grundschule in Dobel ist ein Postkartenmotiv. Der Dreiklang Kirche–Rathaus–Schule wirkt wie aus dem Bilderbuch. Das Ensemble würde als Schwarz-Weiß-Foto glatt als historische Aufnahme durchgehen. Kurhaus und moderne Sporthalle liegen auch gleich um die Ecke – fünf Minuten gehen, alle erreicht! Das ist mal eine gelungene Verdichtung der öffentlichen Infrastruktur.

Erwähnung fand Dobel erstmals 1148 in den Urkunden des Zisterzienserklosters Herrenalb. Dobels Schulhäuser haben eine ganz eigene Geschichte zu erzählen, wobei der Unterricht zunächst ausschließlich im Winter erfolgte. Der Schneider Samuel Metzler aus Höfen wurde 1732 der Dorfschulmeister, ihn löste nach seinem Tod sein Sohn ab. Das war der Beginn einer »Schuldynastie«, denn nun lag der Dobler Unterricht für rund 100 Jahre in den Händen einer Familie.

1827 baute die Gemeinde an der Kirchgasse ein neues Schul- und Rathaus, 1844 an derselben Stelle ein größeres Schulhaus. Anfang 1914 brannte es leider bis auf die Grundmauern ab – ausgelöst durch einen Kaminbrand in der Lehrerwohnung. Das heutige Schulhaus entstand in den Kriegsjahren 1914/1915. Zur damaligen Zeit war das Gebäude am Puls der Zeit und fand architektonisch Beachtung in allen Gazetten.

Heute ist das Motto der Schule: Durch Offene Begegnungen Erfolgreich Lernen – eben DOBEL. Außerdem handelt es sich um eine sogenannte »Naturpark-Schule« mit Zielen wie erlebbare Umweltbildung und Vermittlung von Handlungskompetenzen im Naturschutz sowie Leitthemen wie Ökologie, Sensibilisierung für die Belastbarkeit der Natur und für natürliche Ressourcen. Kurz: eine moderne Heimat-Naturkunde. Dabei steht der Themenkomplex »Wald« an erster Stelle, er liegt schließlich vor der schönen Schulhaustür – man bleibt als Schule dauerhaft dran am Thema Naturpark.

Adresse Schulstraße 8, 75335 Dobel, www.dobel.de | **Anfahrt** Dobel oberhalb von Bad Herrenalb an der L 340, Schule in Sichtweite der Hauptstraße in der Ortsmitte | **Tipp** Es gibt orts- und waldhistorische Erlebniswege rund um Dobel, die die gesamte Hochebene mit vielen Informationstafeln erschließen. Eine Wanderung östlich der Ortschaft zum Großen Volzemer Stein und zur Waldrutsche lohnt sich mit Kindern in jedem Fall.

42 Das Tal der Lehmänner

Nichts außer Plätschern und Zwitschern

Man vermutet nicht, dass es landschaftlich so beeindruckend ist. Zumindest für diejenigen, die gern fernab vom Trubel die Natur genießen. Hier ist man ungestört, denn das Tal der einst 17 Mühlen ist heute fast unbewohnt. Nichts los – eine Wohltat. Im vorderen Eyachtal bleiben Ausflügler an den Fischteichen hängen, wo es gegrillte oder geräucherte Forellen gibt. Von Dobel aus verharren viele lieber in der Höhe, auf der Dobler »Sonneninsel«. Man sollte aber erwähnen, dass der Qualitätsweg »Ins Tal der Lehmänner« seit 2022 als Traumtour zertifiziert wurde, und das hat seine Berechtigung.

Wer die Spaziergang-Variante bevorzugt, fährt runter ins Eyachtal zum Wanderparkplatz an der Eyachmühle. Der Weg am Bachlauf ist auch als Hin-und-zurück-Tour wunderschön, und man muss nach der leckeren Einkehr im Restaurant Eyachmühle nicht mehr mit schwerem Bauch den Berg hoch und bis nach Dobel wandern.

Vom Lokal aus geht es zunächst auf Asphalt weiter ins Tal, aber irgendwann wechselt man über eine kleine Brücke das Flussufer. Ab da wird es wildromantisch. Egal, bei welchem Wetter – Nebel, Sonnenschein oder Schnee –, dieses Tal umschließt den Wanderer wohlwollend. Die breite Wiesentalsohle sorgt für genug Licht und Weite. Der jetzt schmale Weg folgt dem Bachlauf. Das Wasser glitzert, spiegelt die Uferbäume, umspült die Steine im Bachlauf. Und es ist fast schon einsam hier. Man hört im hinteren Tal kein Auto mehr. Vögel haben das Sagen, Pardon, das Zwitschern für sich gepachtet, wenn nicht gerade ein Hund anderer Spaziergänger bellt.

Kurz vor dem Ende des Tals erreicht man schließlich den ehemaligen Lehmannshof, dessen Namensgeber in alten Schriften als Riesen bezeichnet wurden. Riesig gut ist, dass Pläne zum Bau einer Staumauer nie in die Tat umgesetzt wurden. Stattdessen ist das Tal ein artenreiches Biotop und Schutzgebiet geworden.

Adresse Eyachmühle 14, 75335 Dobel, www.eyachmuehle.com | Anfahrt Dobel oberhalb von Bad Herrenalb an der L 340, von dort in der Ortsmitte die Wildbader Straße Richtung Eyachmühle / Eyachtal nehmen | Öffnungszeiten April – Okt. Mi – So 11.30 – 20.30 Uhr, Nov. – März Mi und Do 11.30 – 18 Uhr, Fr – So 11.30 – 20.30 Uhr | Tipp Wer eine Weitwanderung machen möchte, kann über die große Wiese am Brotenaubach und am Rotwasser entlang zum Wildseemoor aufsteigen und weiter nach Kaltenbronn laufen.

43 Der Winterzauberwald

Mit Schlittenhang und Sonnenloipe am Wasserturm

Von den höher gelegenen Karlsruher Bergdörfern aus kann man ihn bereits sehen, den Höhenzug am Dobel. Falls man nichts erkennen kann – sei es mangels Aussicht oder weil dicker Nebel die Sicht trübt –, dann bietet die Gemeinde Dobel direkt am Wasserturm eine Webcam auf ihrer Homepage. Oft genug hängt unten die Nebelsuppe, und oben auf dem Dobel, auf 700 Metern, liegt Schnee und die Sonne strahlt. Nicht umsonst gilt die Hochebene des heilklimatischen Kurorts als »Sonneninsel«.

Entschließt man sich nach dem Webcam-Check, von Karlsruhe nach Dobel in den Schnee zu fahren, sollte man wissen, dass das an Wochenenden viele tun. Es gibt ein großes Parkplatzangebot am Wasserturm, aber das reicht bei stärkerem Ansturm oft nicht aus. Es lohnt sich daher gerade mit kleinen Kindern, sich vorher klarzumachen, dass man bis ins Rodelparadies ein paar Schritte laufen muss. Der Hang am Wasserturm gleicht dann einem Wimmelbild und ist gesprenkelt mit bunten Schneeanzügen, sausenden Schlitten und Bobs. Manchmal wird an den Wochenenden an der kleinen Talstation des Skilifts Glühwein und Punsch ausgeschenkt – aber nur wenn der Lift der Sportfreunde Dobel geöffnet ist. Lange Holzbänke machen auch stärkende Picknick-Vesperpausen für die Rodler möglich.

An der Wildbader Straße, die ins Eyachtal führt, kann man als Langläufer in die Sonnenloipe oder die Wiesenloipe einsteigen, die gespurten Strecken um Dobel sind ein stadtnahes Wintervergnügen. Nimmt man den Ski-Fernwanderweg Nordschwarzwald noch dazu, dann stehen über 70 Kilometer Loipen zur Verfügung.

Dobel ist der von Karlsruhe aus am schnellsten zu erreichende Wintersportort. Wenn alles weiß umhüllt ist und man auf den Winterwanderwegen das freudige Schlitten-Gejohle hinter sich lässt und in den Wald eintaucht, dann erlebt man trotzdem nicht selten Momente absoluter Stille. Ein Winterzauberwald!

Adresse Wasserturm, Höhenstraße 40, 75335 Dobel, www.dobel.de | Anfahrt Dobel oberhalb von Bad Herrenalb an der L 340, Parkplätze am Kurhaus in der Ortsmitte oder am Turm an der Höhenstraße | Tipp Dobel's Stüble lädt zum Einkehrschwung an der Hauptstraße 2 gegenüber vom Kurhausparkplatz. Auch im Winter ist draußen bestuhlt.

44 Yodas Grotte

»Die größte Freude hingehen ist …«

Er ist eine fiktive Figur im Star-Wars-Universum. Eine Welt, die 1977 mit dem Film »Krieg der Sterne« erschaffen wurde und sich bis heute fortsetzt. Seine Gestalt ist zwergenhaft, alternd, grün, mit Stock, Fusselhaaren und großen, dem Kindchenschema entsprechenden Augen. Damit hatte er uns. Sein Lichtschwert und seine sprachlich reduzierten Philosophien sind legendär, seine Güte und Weisheit als Jedi sind meisterhaft. Er bildete Luke Skywalker aus. Ein kleiner Held, der mit 900 Jahren starb und eins mit der Macht wurde. »Gib weiter, was du gelernt!«

Unter diesem Motto kann man sich auch die Grotte anschauen und verstehen. Yodas scheinbar unerschöpfliches Wissen um die Macht und sein weises Handeln in heiklen Situationen hat eine Generation geprägt. Sehr tröstlich, dass das gesamte Arrangement mit viel Humor und Engagement von einem Privatmann zusammengestellt wurde.

Es gibt zwischen den Steinen der Yoda-Grotte vieles zu entdecken. Da tummeln sich Jedis, Darth Vader ist zu finden, natürlich R2D2, ein fliegendes Raumschiff – aber ebenso sind kleine Unruhestifter in Latzhose zu sehen: ein paar Minions. Ein großer Spaß und ein Mittel gegen den täglichen Ernst. Man bleibt stehen und schmunzelt, das ist schon mal sehr gut für Herz, Kreislauf und Seele. Die Bezeichnung »Grotte« ist treffend gewählt. Manch einer pilgert hier zur eigenen Kindheit und Jugend, erinnert sich und hat dafür auf jeden Fall schon mal diverse Höhenmeter mit dem Rad oder zu Fuß gemeistert. »Möge die Macht mit dir sein!«

Man kann die Grotte nicht verfehlen, wenn als weiteres Ziel der Brandeckturm mit Sicht über die Ortenau anvisiert wird. Aber nicht mit dem Lichtschwert, sondern mit dem Rad oder per pedes. Die Grotte befindet sich östlich etwas unterhalb davon. Weiter in dieser Richtung liegt ein original Schwarzwälder Bauernhof, der Ritterhof, noch etwas weiter das Gasthaus Hohberg.

Adresse Am Brandeckturm, 77770 Durbach | Anfahrt über das Kinzigtal, Ohlsbach und Hinterohlsbach zum Wanderparkplatz Brandeck-Lindle, von dort zu Fuß weiter Richtung Brandeckturm | Öffnungszeiten Grotte am Wegesrand immer zugänglich | Tipp Richtung Süden, im Ohlsbachtal, befindet sich die Kapelle Maria Hilf mit einem schönen Kräutergarten. Weiter unten im Tal, am östlichen Hang, findet man das kleine Wasserrad KlippKlapp, das mit jeder Umdrehung einen Ton erzeugt.

45 Das Heidelbeerdorf

Blaue Wunder und dunkle Kapitel

Jeder Ort im Nordschwarzwald nutzt ein anderes Motto. Die Bezeichnung »Heidelbeerdorf« hat was von Kleinbonum, passt aber gut zu Enzklösterle, auch wenn sich der Dorfname wohl eher von einem frühen Klösterle an der Enz ableitet. Man ist hier quasi umzingelt von Wald, und die Nadelbäume bieten einen idealen Nährboden für Heidelbeerbüsche. Das blaue Gold des Waldes wurde seit jeher gesammelt und für Marmelade, Wein, Tee, Likör und Kuchen verwendet. Im »Heidelbeer-Haus« an der Ortsdurchfahrt bekommt man einen guten Eindruck davon, was man alles aus Heidelbeeren machen kann, und dann gibt es da noch das Heidelbeerfest und die Heidelbeerwochen. Alles ganz schön blau hier.

Witzigerweise steht ausgerechnet auf der Erdbeerplatte die Heidelbeerschaukel – jetzt gibt's also Obstsalat? Auf dem Premium-Heidelbeerweg rund um Enzklösterle hat man immer wieder herrliche Ausblicke auf den Ort. Von der Schaukel aus unter anderem auf den Campingplatz Müllerwiese. Er ist naturnah und übersichtlich, und dort werden fachkundige Bio-Exkursionen mit Gummistiefeln oder Wanderschuhen ins Hirschtal oder ins Rombachtal angeboten.

Der Weg ins Tal zum Forsthaus Rombach ist ein bisschen spooky, denn er führt zu einem grausigen Tatort – hier geschahen gleich zehn Morde! Bis heute ist die Gräueltat von französischen Soldaten im Frühjahr 1945 an einer Försterfamilie und ihren Mitbewohnern unaufgeklärt. Ein Cold Case, an den eine Gedenktafel erinnert. Die Akten sind unter Verschluss, man schweigt sich aus.

Das alte Gemäuer hat eine lange Geschichte in Sachen Waldwirtschaft und sieht in Teilen noch genauso aus wie damals, aber leider nagt der Zahn der Zeit an allem. Es steht noch in den Heidelbeer-Sternen, aber vielleicht wird eine Art Außenstelle des Infozentrums Kaltenbronn daraus, mit einer vermutlich mahnenden Aufarbeitung der Geschichte des Tatorts – mitten in den Heidelbeeren.

Adresse Parkplatz Hirschtalstraße, 75337 Enzklösterle | Anfahrt über die B 294, durch das Bad Wildbader Tal nach Enzklösterle, dort über die Friedensstraße in die Hirschtalstraße Richtung Rotwildgehege, Wanderweg vorbei am Kletterwald bis zur Erdbeerplatte | Tipp In der denkmalgeschützten, 1829 erbauten Rußhütte erfährt man viel über das alte Waldgewerbe der »Kienrußbrennerei«. Sie ist ein Denkmal der Chemiegeschichte, da die hier erstellten Produkte als Grundlage der Farbenherstellung dienten.

46 Die Nepomuk-Statue

Sein Geist wacht über alle Alb-Brücken

Ettlingen hat viele Brücken über die Alb. Allein im Altstadtbereich sieht man – auf der Rathausbrücke stehend – gleich vier weitere, plus das im Sommer mit Blumen geschmückte Albwehr. Dessen Aufgabe war es, das Wasser für den Mühlenkanal der einstigen Zwingelmühle zu stauen. Und wer gute Augen hat, der erkennt etwas weiter flussabwärts auch noch das Buhlsche Wehr, erbaut für die einstige Papiermühle des Fabrikanten Franz Anton Buhl. Auch die Wehre wurden schon mehrmals stark von Hochwasser beschädigt, denn manchmal wird aus der sanften Alb ein reißender Fluss.

Es ist also gar nicht so schlecht, seit 1724 einen Schutzpatron wie den böhmischen Brückenheiligen St. Nepomuk hierzuhaben. Auch in Zeiten des Klimawandels, denn mal ist das Bachbett zu voll, mal zu leer. Nepomuk-Statuen stehen auf vielen Brücken, da der Prager Johannes von Nepomuk den Märtyrertod durch den Sturz von einer Moldaubrücke fand. Papst Benedikt XIII. sprach ihn vor rund 300 Jahren heilig.

Die aus Böhmen stammende badische Markgräfin Sibylla Augusta sorgte dafür, dass am Ettlinger Schloss eine Nepomuk-Kapelle angefügt wurde – heute als Asamsaal bekannt. Die Leidensgeschichte von Sibylla Augustas Lieblingsheiligem wurde, theatralisch in Szene gesetzt, als Schlossdeckenfresko im Asamsaal verewigt. Ein prachtvolles Gemälde, geschaffen vom namhaften Künstler Cosmas Damian Asam. Der Saal verfügt über eine außerordentlich gute Akustik und wird als Konzertsaal genutzt.

Um auch heute noch an die traditionelle Verehrung anzuknüpfen und weil der heilige Nepomuk auch als Symbolfigur für Frieden und Verständigung zwischen den Völkern Europas angesehen wird, findet seit vielen Jahren die Nepomuk-Feier in Ettlingen statt. Mit tschechischen Gästen, einer Lichterprozession vom Asamsaal zur Statue auf der Rathausbrücke, Lichtern auf dem Wasser der Alb und dem Hintergrundgeläut der Sibyllaglocke vom Rathausturm.

Adresse Rathausbrücke, 76275 Ettlingen | Anfahrt an der B 3 südlich von Karlsruhe, im Altstadtbereich parken, zu Fuß an die Alb laufen, Brücke an der Marktstraße und am Rathausturm | Tipp Der Rosengarten sowie der Apothekergarten am Ettlinger Schloss sind sehenswerte Kleinode, Letzterer ist nur im Sommer zugänglich. Und ein Eis aus dem Café Pierod an der St.-Martins-Kirche, eine Brücke weiter, ist auch sehr zu empfehlen.

47 Das längste Brett der Welt

… war es zumindest mal

Der Ortsteil Forbach-Gausbach konnte sich 2010 zumindest eine Zeit lang Weltrekorddorf nennen. Dort wurde das damals mit 45,15 Metern »längste Brett der Welt« gesägt und offiziell von Guinness World Records bestätigt. Das Original-Weltrekordbrett hängt jetzt an der Fahrzeughalle am Forbacher Bahnhof, dem längsten Gebäude im Ort.

Dem Ehrgeiz eines Gausbacher Rentners ist der Rekordruhm zu verdanken, auch wenn er relativ sinnfrei war und schon überholt wurde. Holz ist ein enorm spannender nachwachsender Baustoff, der bisher in all seinen Qualitäten nicht künstlich imitiert werden konnte. Der Wald schafft Sensationelles aus Sonnenlicht, dem Waldboden und CO_2 was uns Forstwissenschaftler immer wieder klarzumachen versuchen. Dieses Brett ist ein Zeugnis für die Kraft der Bäume, für den zu wahrenden Schatz.

Die Forstwirtschaft war im Schwarzwald einst ein sehr wichtiger Wirtschaftszweig und hat immer noch einen besonderen Stellenwert in heute nachhaltig arbeitenden Forstbetrieben. Für das Brett am Forbacher Bahnhof wurde eine über 50 Meter hohe Douglasie gefällt, beinahe 100 Jahre alt, 10 Tonnen schwer und mit enormem Aufwand an einem Stück durch den Wald zum Sägeplatz gezogen. Manchmal muss man ja etwas sehen, um es zu begreifen, und hier sieht man: Dieser Baum hatte Größe.

Bekannt ist Forbach natürlich nicht wegen dieses Bretts, sondern wegen der historischen überdachten Holzbrücke über die Murg. Sie imponiert mit einer Spannweite von 37,8 Metern und einem Gewicht von 129 Tonnen und ist sogar für Fahrzeuge bis maximal 3 Tonnen freigegeben. In Europa ist sie in ihrer Bauart einzigartig. Es geht aber nicht nur um Superlative, sie sieht auch toll aus. Man kann vom Bahnhof zur Brücke hinunterlaufen. Es ist ein erhabenes Gefühl, durch dieses Holzbauwerk zu schreiten und über die Holzbalustrade hinweg auf das gurgelnde Wasser der Murg zu schauen.

Adresse Bahnhof Forbach, Schifferstraße, 76596 Forbach | Anfahrt über die B 462, am Kreisel Landstraße / Schifferstraße zum Bahnhof abbiegen und dort parken | Tipp Direkt an der Murgbrücke sitzt man vor allem an schönen Sommertagen sehr lauschig und schattig auf der Terrasse des Hotels »Das Waldhaus« oberhalb der Murg (Hauptstraße 2, www.daswaldhaus.com).

48 Die Alte Kirche Herrenwies

Auswanderer – großes Leid und neue Hoffnung

Herrenwies ist weithin bekannt als Langlaufzentrum im Nordschwarzwald. Gleich hinter dem alpinen Skizirkus am Mehliskopf begibt man sich hier in ruhigere Gefilde auf die »Wies«. Die Dolbachhütte am Ortsausgang Richtung Schwarzenbach-Talsperre ist seit über 40 Jahren eine sichere Nummer in Sachen Wintersport. Unfassbar viele Langlaufsets warten hier auf ihre Ausleiher, denn hier liegt der Startpunkt für viele Loipenkilometer. Ein Wintermärchen und im Sommer ein tolles Wandergebiet.

Da stellt sich die Frage, warum man von hier jemals auswandern wollte? Andere reisen doch extra hierher. Tja, die Geschichte zeigt, dass nicht immer alles rosig verlief im Schwarzwald. Die Bewohner von Herrenwies verdienten Mitte des 18. Jahrhunderts ihr Geld mit der Glasherstellung und mit Holz, so wie viele im Nordschwarzwald. Die Hochphase war Ende des Jahrhunderts jedoch überschritten. Die Abholzung im großen Stil hatte Konsequenzen: Das beste Holz war bald abverkauft, die Weidewirtschaft ließ den Wald nicht nachwachsen, und die Bevölkerung nahm zu. Steigende Armut war die Folge. Gleich zu Beginn des 19. Jahrhunderts brach außerdem der Vulkan Tambora in Indonesien aus, und es wurde so viel Asche in die Atmosphäre geschleudert, dass es auf der Nordhalbkugel in zwei aufeinanderfolgenden Jahren zu Missernten kam – viel Regen, aber wenig Licht und Wärme.

Zunächst ließ man Auswanderung nicht zu, aber als 1849 in Herrenwies vier Häuser auf einmal abbrannten, entschloss man sich in Baden, Reisebudgets zur Auswanderung zu genehmigen. Viele Schwarzwälder machten sich fortan per Schiff von Bremerhaven aus in die Neue Welt auf.

Davon erfährt man auf Tafeln an der säkularisierten, aber denkmalgeschützten Alten Kirche in Herrenwies, um die sich der Verein »Kulturerbe Schwarzwaldhochstraße« kümmert. Oder weit weg in Bremerhaven, im Deutschen Auswandererhaus.

Adresse 76596 Forbach-Herrenwies, www.kulturerbe-schwarzwaldhochstrasse.de | Anfahrt an der L 83 zwischen Sand an der Schwarzwaldhochstraße und der Schwarzenbach-Talsperre, Parkplätze am Dorfplatz, Alte Kirche unterhalb der großen St.-Antonius-Kirche | Öffnungszeiten bei Veranstaltungen, Infos siehe Homepage | Tipp Ein Besuch in Adenauers »Urlaubskapelle« am Plättig lohnt sich. Sie liegt aussichtsreich auf dem Marienfelsen und ist ein beliebter Ort für Hochzeiten und Taufen.

49 Das Grandhotel Waldlust

Prunk und Plüsch hinter verschlossenen Türen

Das imposante Gebäude ist nach wie vor ein weißer Prachtbau in exponierter Aussichtslage. Der einstige Charme des 1902 von Wilhelm Vittali erbauten Hotels blitzt immer noch ein bissle durch. Immerhin war es in den Goldenen Zwanzigern ein Grandhotel par excellence: elegant, vornehm und angesagt bei den Reichen und Schönen. Könige, Fürsten, Filmstars und -sternchen gaben sich hier die Türklinke in die Hand und genossen die Bar, den Salon und den stuckverzierten Festsaal – Fünf-Sterne-Luxus.

Die Zeiten der Sterne sind leider vorbei. Trotzdem ist nicht alles verloren. Das Hotel wurde nicht ausgebeint und als Hülle zurückgelassen. Das Innenleben – Samt, Plüsch, Prunk, Möbel, Teppiche, Lampen –, es ist alles noch da, so als würde die Show gleich wieder beginnen. Im Frühjahr 2005 schlossen sich die Türen des Hotels endgültig, seither steht es zum Verkauf, die Stadt lehnte den Erwerb bisher ab.

Auf die Waldlust hatten jedoch andere Lust. Der gemeinnützige Verein Denkmalfreunde Waldlust e. V. gründete sich, um sich um den Erhalt des Kulturdenkmals zu kümmern. Es werden Führungen und Veranstaltungen organisiert, das Hotel ist des Öfteren Drehort und immer ein begehrtes Fotomotiv. Sogar das Glanzstück, die Blink-Blink-Ausstattung des Speisesaals, wurde gesäubert, aufpoliert und wieder an ihrem angestammten Platz positioniert.

Die Waldlust ist wohl einer der bekanntesten Lost Places im Schwarzwald. Glanz und Gloria vergangener Zeiten und morbider Charme wirken auf viele sehr anziehend, vor allem auf abenteuerlustige Menschen. Es sorgt für einen gewissen Nervenkitzel, sich vorzustellen, was hier schon alles passiert ist. Ein Mord? Eine Affäre? Eine Intrige auf hohem Niveau? Der Phantasie sind keine Grenzen gesetzt. Man fühlt sich ein wenig wie in einem Paralleluniversum, es fehlen nur noch die Gäste in den Zwanziger-Jahre-Roben. Babylon Schwarzwald – auf geht's!

Adresse Lautenbadstraße 92, 72250 Freudenstadt, www.waldlust-denkmal.de | **Anfahrt** südlich von Freudenstadt zwischen der B 28 und der B 294 direkt an der Lauterbadstraße | **Öffnungszeiten** bei Veranstaltungen und Führungen, Infos siehe Homepage | **Tipp** In der Nähe liegt der historische Friedrichsturm auf 800 Metern Höhe, mit Duftrosenpark und dem modernen Hüttenlokal Friedrichs am Kienberg mit Restaurant und schöner Terrasse (Herzog-Friedrich-Straße 33, www.friedrichs-kienberg.de).

50 Der Ellbachseeblick

Eine High-level-Aussichtsplattform

Sie ist ein Aushängeschild der Extraklasse, auch wenn sie nicht hängt, sondern förmlich über der Kante schwebt. Die 2013 eröffnete Aussichtsplattform Ellbachseeblick ist ein 33 Meter langer Holzsteg aus heimischer Douglasie. Sie ist vom Kniebis aus zu erreichen und wurde etwa zehn Meter über dem Grund gebaut. Das Besondere: Sie ragt über die mehr als 100 Meter abfallende Karwand des Ellbachsees hinaus, was den Landschaftseindruck spektakulär macht. Leicht schwindelerregend und faszinierend.

Man bleibt gern länger auf diesem Adlerhorst, der viele Besucher anzieht, die wiederum viele Selfies knipsen. Der Blick auf den dunklen Karsee weit unten und die sich vor den Betrachtern sanft ausbreitenden Schwarzwaldhügel zeigt sehr eindrucksvoll die natürliche Schönheit des Nordschwarzwaldes.

Es mag pathetisch klingen, aber man ist hier sozusagen Zeuge von Landschaftsformen, die sich durch eiszeitliche Naturgewalten bildeten. Eiszeiten und Warmzeiten wechselten sich über die Jahrtausende immer wieder ab, die Karseen sind Überbleibsel der letzten Kaltzeit. Sie entstehen, wenn Gletscher durch wärmeres Klima langsam abschmelzen und die Eismassen sich talwärts in Bewegung setzen. Schmelzwasserströme reißen dann Geröllmassen mit sich. Wo die Mächtigkeit des Eises am größten ist, wird der Untergrund zu einer Mulde ausgehobelt, die an der Karschwelle mit einer Endmoräne endet. Das zurückbleibende Schmelzwasser bildet den See.

Karseen verlanden oft, der Nordschwarzwald zählt noch zehn. Sie werden auch die »schwarzen Augen« des Waldes genannt und sind wichtige Biotope mit ganz eigener Tier- und Pflanzenwelt, auch im verlandeten, moorigen Zustand. Der Mummelsee an der Schwarzwaldhochstraße ist wohl der bekannteste unter ihnen. Da man vom Parkplatz aus noch etwa 15 bis 20 Minuten zum Ellbachseeblick laufen muss, ist der Andrang erträglich. Entgehen lassen sollte man ihn sich nicht.

Adresse 72270 Baiersbronn; Zuweg nur von 72250 Freudenstadt-Kniebis aus | Anfahrt Parkplatz am Skilift Kniebis direkt an der B 28 | Tipp Die zünftige Kniebishütte an der Talstation des Skilifts Kniebis hält Schwarzwälder Spezialitäten bereit (Straßburger Straße 347, www.kniebis-huette.de).

51__Die Retro-Tankstelle

1960er Jahre am Kniebis

Nur wenige Tankstellen haben wohl so viel »traffic« in den sozialen Netzwerken wie diese. Sie ist eben anders, voll retro in Rot-Weiß. Die charmante Tankstelle ist ein Treffpunkt für Nostalgiker und Oldtimer-Fahrer, denn ein Foto vom eigenen Auto-Schmuckstück an diesen Zapfsäulen macht was her und sieht stylish aus. Vor allem, wenn dann auch noch ein knallroter Bulli vorfährt oder junge Paare im Sechziger-Jahre-Look auftauchen.

Hier bleibt man tatsächlich gern länger, schaut sich das Geschehen draußen und die Auslagen drinnen an. Das zugehörige Bistro auf schwarz-weiß karierten Fliesen passt sich nahtlos in den Retro-Stil ein. Im Shop gibt es neben Pflegeprodukten für Auto und Mensch, Back- und Süßwaren, warme Speisen, Tees und Schnaps auch alle möglichen Souvenirs. Sehr zu empfehlen sind die Fleischkäsweckle in verschiedenen Ausführungen.

Übrigens haben Bjarne Mädel und Lars Eidinger hier auch schon vollgetankt. An dieser Tankstelle begann im Kinostreifen »25 km/h« ihre kultige Mofareise durch ganz Deutschland bis zum Timmendorfer Strand. Im echten Leben reisen viele in umgekehrter Richtung, denn zahlreiche Norddeutsche erkunden den Schwarzwald – vielleicht aber nicht gerade mit dem Mofa.

Die kleine Tankstelle am Kniebis wurde 1954 an der B 28 gebaut. Sie lag zwar strategisch gut, blieb aber unauffällig, was Umsatzzahlen und Erscheinung betraf. Erst als 2014 die Firma Oest den Betrieb übernahm und einen völlig neuen Plan schmiedete, änderte sich das komplett. Durch den Umbau entstand ein frisch gekacheltes, ein halbes Jahrhundert nach hinten gesprungenes Retro-Wagnis. Große Brummis haben wegen des niedrigen Dachs keine Chance, hier zu tanken. Wäre auch schade, wenn ihr Sound die Hits von Elvis oder Peter Kraus aus den Lautsprechern übertönen würde. Man freut sich natürlich trotzdem über jeden Kunden. Also: Am besten einmal volltanken und dann ab durch den Nordschwarzwald!

Adresse Straßburger Straße 304, 72250 Freudenstadt-Kniebis | Anfahrt direkt an der B 28 im Ortsteil Kniebis kurz vor der B 500 | Tipp Gleich nebenan liegt die Ruine des Klosters Kniebis, das 1267 als Kapelle am Handelsweg Ulm–Straßburg erstmals erwähnt wurde. Später kamen Gasthaus und Zollstation dazu, heute gibt es einen noch jungen Friedensglockenturm neben den Ruinen und einen traditionellen Klostergarten (Alte Passstraße 13).

52 Die Berghütte am Stokinger

Lauterbad im Quadrat

Der Klimawandel zwingt die Schwarzwälder zu neuen Ideen. Sommerfrische und im Winter Skisport, das Konzept geht ohne frische Impulse nicht mehr auf. Der Schnee bleibt immer öfter aus, Liftanlagen verwaisen oder werden rückgebaut. Neue Anforderungen im Tourismus wollen befriedigt werden, die Konkurrenz schläft nicht. Die Corona-bedingten Höhenflüge durch den »Wir machen Urlaub in Deutschland«-Trend sind Vergangenheit, man konkurriert wieder international.

Was gut ankommt: regionale Authentizität, Naturnähe und frischer Design-Wind. Einen langen Atem vorausgesetzt, muss man die Investitionen in ein modernes Erscheinungsbild, Wohlfühltourismus und nachhaltige Qualität aber auch stemmen können – und das bei zunehmendem Personalmangel.

In Lauterbad versucht man, den Ansprüchen der neuen Zeit durch vielfältige und innovative Angebote gerecht zu werden. Das Hotel Fritz Lauterbad erhielt einen Design-Award, und die Berghütte Lauterbad ist unabhängig vom Wetter ein wunderbares Ausflugsziel mit Flair und Aussicht. Im Sommer sorgen die Schafherden auf der Skipiste nicht nur für einen idyllischen Anblick, sondern durch ihre Glöckchen auch für einen schönen Klang. Das »Wellnessdorf« hat auch noch das Hotel Lauterbad und den Landgasthof Gut Lauterbad zu bieten. Für jeden Geldbeutel ist etwas dabei, aber bei den Namen muss man »uffpassen«! Der Namenszusatz Lauterbad wird verwirrend häufig benutzt.

Die Wanderwege rund um den Stokinger Lift sind Schwarzwald pur, und viele Wege sind schmale, mit Baumwurzeln durchzogene Pfade und keine breiten Ziehwege. Das macht das Naturerlebnis noch intensiver. Das Gelände ist etwas steiler, Farne und Heidelbeersträucher stehen hüfthoch, und im Herbst duftet es nach Tannennadeln und Pilzen. Richtig magisch wird es, wenn Nebelschwaden durchs Unterholz ziehen. Und danach geht es in die gemütliche Hütte.

Adresse Am Zollernblick 1, 72250 Freudenstadt-Lauterbad, www.berghuette-lauterbad.de | Anfahrt südlich von Freudenstadt zwischen der B 28 und der B 294, von der Lauterbader Straße in die Kinzigtalstraße bis zum Lauterbad-Viadukt, dort parken und den Stokingerweg weiter hochwandern, ausgeschildert | Öffnungszeiten April–Okt. 11–20 Uhr, Nov.–März 11–17 Uhr | Tipp Eine Wanderung zur Großvatertanne lohnt sich in jedem Fall. Wer es städtisch mag, der fährt nach Freudenstadt zum größten Marktplatz Deutschlands mit markanter Stadtkirche.

53 Das Murganabad

Klassisch und keine Fata Morgana

Wasser spielt in Gaggenau seit jeher eine wichtige Rolle, immerhin ist das Wappentier der Stadt eine Gans. Es ranken sich gleich mehrere Sagen darum, wie der Ort mit der Gans verknüpft sein könnte, Genaues weiß man nicht. Gänse haben sich in den Uferbereichen der Murg und den Feuchtwiesen dahinter sicher schon immer wohlgefühlt.

Nicht die Gans, aber die Badeente fühlt sich im Murganabad etwa seit 50 Jahren wohl. Eröffnet wurde es 1967 als reines Sportbad mit einer medizinischen Bäderabteilung, die jedoch 1985 schloss, weil das Thermal- und Mineralbad »Rotherma« diesen Part übernahm. Die Anlage wurde nachfolgend umfassend saniert, und 2002 erfolgte ein kompletter Umbau mit neuer technischer Ausstattung.

Im Murganabad ist viel geboten: Bewegung, Schwimmunterricht, Spielenachmittage und an zwei Tagen längere Öffnungszeiten für Berufstätige. Das direkt an der Murg liegende Bad mag auf den ersten Blick aussehen wie ein schlichter Kasten, aber es verfügt über eine riesige über Eck laufende Fensterfront, die tolle Blicke auf den Fluss zulässt und für interessante Spiegelungen der umliegenden Häuser und Bäume im Uferbereich sorgt.

Neben Gebäuden wie dem Rathaus und dem Sparkassenturm gehörte das Bad zu den ersten Projekten der städtebaulichen Entwicklung Gaggenaus in der Nachkriegszeit. Zudem liegt es an der Konrad-Adenauer-Brücke mitten im Ort, ist damit für viele Bürger, Schulklassen und Vereinsschwimmer fußläufig erreichbar. In Zeiten grassierender Bäderschließungen weiß man umso mehr zu schätzen, wenn ein Schwimmbad zu moderaten Preisen allen zur Verfügung steht. Und nach Lockdown und Online-Unterricht ist es nicht mehr selbstverständlich, einfach schwimmen gehen zu können. Wer vielseitigeren Wasser- und Freizeitspaß sucht, der findet diesen im Waldseebad Gaggenau am Traisbach vor lauschiger Waldkulisse. Es ist hierzulande eines der größten und modernsten Naturbäder.

Adresse Konrad-Adenauer-Straße 2, 76571 Gaggenau, www.stadtwerke-gaggenau.de | **Anfahrt** von der B 462 an der Berliner Brücke über die Murg Richtung Stadtmitte, an der Hauptstraße parken, durch den Murgpark am Fluss entlang zum Bad | **Öffnungszeiten** Di, Fr 8–19 Uhr, Mi, Do 8–21.30 Uhr, Sa, So 10–17.30 Uhr | **Tipp** Zwischen Schloss Rotenfels und dem Thermalbad Rotherma kann man auf den Markgraf-Wilhelm-Wegen flanieren. Im Kurpark Bad Rotenfels findet man den großen Sommerbiergarten Christoph Bräu mit Minigolfanlage und Spielplatz.

54 Die Wallfahrtskirche

»Maria Hilf!«

Der kleine, aber feine Gaggenauer Höhenortsteil Moosbronn liegt im obersten Bereich des Moosalbtals. Die Fahrt bis Fischweiher und dann durchs Moosalbtal ist von Karlsruhe kommend immer wieder herrlich erfrischend fürs Auge – grüne Wiesenmatten am Bachlauf und dichter Wald an den seitlichen Hängen. Die Moosalb ist rund zehn Kilometer lang und entspringt dem Hüttlesbrunnen etwas oberhalb von Moosbronn. Rennradler nutzen die relativ ruhige, stetig ansteigende Straße entlang des Bachlaufs gern zu Trainingszwecken, deshalb: Augen auf als Autofahrer!

Kurz nach dem Islandpferde-Gestüt Talhof und der Moosbronner Mühle fährt man auf der Hochebene direkt am Abzweig zum Naturfreundehaus in eine Haarnadelkurve, die sich scheinbar um ein Haus wickelt. Diese ist unfallträchtig, auch weil hier viele langsamer werden, um sich parkwillig Richtung Naturfreundehaus zu orientieren. Dieses ist an Wochenenden bewirtschaftet und ein guter Startpunkt für Wandertouren.

Von hier sieht der Weiler im Talgrün der Wiesen und vor der Schwarzwaldkulisse wie gemalt aus, zumal die Wallfahrtskirche mit ihrem Turm wie im Bilderbuch heraussticht. Die Schutzherrschaft (Patrozinium) hat Mariä Namen, das am Sonntag nach dem 12. September begangen wird. Die Kirche ist ein überregional bedeutsamer Wallfahrtsort im Nordschwarzwald, zu dem seit rund 400 Jahren jedes Jahr etwa 1.000 Gläubige pilgern.

1680 wurde an dieser Stelle eine Kapelle errichtet, weil hier der Sage nach ein Knecht in Not geraten war und nach dem Ausruf »Maria Hilf!« seine Rettung erfolgte. Die heutige Kirche wurde 1749 erbaut, liegt am Jakobsweg und unterhält trotz kleiner Gemeinde einen eigenen Wallfahrtspfarrer. Viele Taufen, Trauungen oder Ehejubiläen werden hier oben gefeiert. Wer sich die Kirche in Ruhe anschauen möchte, kommt daher besser unter der Woche. Dann ist sie ein wahrer Wallfahrtsort.

Adresse Herrenalber Straße 14, 76571 Gaggenau-Moosbronn | Anfahrt am oberen Ende des Moosalbtals an der Verbindung Malsch, Freiolsheim, Bernbach, Bad Herrenalb, Kirche gegenüber dem Hotel Platzhirsch | Öffnungszeiten tagsüber zugänglich | Tipp Ein lohnenswertes Wanderziel ist der Gipfel des nahen Mahlbergs auf 612 Metern mit einem 28 Meter hohen Aussichtsturm, den man besteigen kann.

55 Das Lothar-Denkmal

Ein gewaltiges Monument am Siedigkopf

Es ist ein kraftvolles Erinnerungszeichen. Die Rede ist von der zwölf Meter hohen, dreigliedrigen Skulptur von Norbert Feger. Nachdem der Orkan »Lothar« am 26. Dezember 1999 den Wald in der Umgebung im wahrsten Sinne des Wortes platt gemacht hatte, formte der Gengenbacher Künstler und Menschenbildner aus Weißtannen-Sturmholz seine sehr markant in der Landschaft stehende Skulpturengruppe, das Lothar-Denkmal. Es ist ein erhabener Kraftort mit Weitsicht. Kooperation, Menschlichkeit, das Miteinander – diese Werte soll die Skulptur sinnbildlich transportieren. Die Figuren stützen sich, greifen ineinander, geben sich Halt – stabile Standfestigkeit gegen alle Widrigkeiten.

Die Wälder um den Mooskopf lagen mitten im Orkangebiet. Tagelang war man damals von umgestürzten Bäumen eingeschlossen. Der Sturm hinterließ kahle Hänge und schockierte die Bewohner. Heute machen Wanderer und Mountainbiker hier halt oder eine ausgiebige Rast. Das Handy wird gezückt, man knipst Selfies vor herrlichem Panorama, das Denkmal ist ein Foto-Star. Man wechselt ein paar Worte mit Fremden und zieht weiter. Ganz im Sinne des Künstlers.

»Die Moos« wird das Bergmassiv zwischen Renchtal und Kinzigtal mit dem rund 880 Meter hohen Siedigkopf und dem etwa 870 Meter hohen Mooskopf genannt. Vom Lothar-Denkmal zum Mooskopfturm sind es nur wenige Gehminuten, auch dieser Weg lohnt sich. Der 1890 aus Buntsandstein erbaute Aussichtsturm ist einer der ältesten im Schwarzwald. Nach 102 Stufen ist man oben und hat eine sagenhafte Rundumsicht. Auf halber Strecke stößt man auf ein Denkmal für den Dichter Hans Jakob Christoffel von Grimmelshausen. Der Name lässt vermuten: Es ist keiner aus der aktuellen Bestsellerliste. Er schrieb 1668/1669 das Werk »Der abenteuerliche Simplicissimus Teutsch«, heute würde man das Buch als Abenteuerroman betrachten. Der Titelheld verbrachte einige Zeit hier oben auf der Moos. Gut gewählt.

Adresse Am Siedigkopf, 77723 Gengenbach | **Anfahrt** zwischen Durbach, Oppenau und Nordrach, diverse ausgeschilderte Wanderwege zum Moosturm und weiter zum Lothar-Denkmal | **Tipp** Immer auf dem Bergrücken entlang führen Wander- und Bikerouten zum Schloss Staufenberg oberhalb von Durbach mit Schloss-Restaurant und Terrassenausblick.

56 Der Kunstweg

Heuhütten und Installationen am Reichenbach

Im Murgtal zweigt zwischen Hilpertsau und Weisenbach die Straße Richtung Kaltenbronn ab. So weit, so unspektakulär. Auch der Parkplatz am Festplatz Hilpertsau, direkt am Reichenbach gelegen, lässt nicht vermuten, was sich bachaufwärts anschließt. Doch die Fahrt hierher lohnt sich: Hinter dem kleinen Gewerbegebiet befindet sich nämlich der Einstieg in den Kunstweg.

Die Besucher werden rechter Hand mit großen Lettern empfangen: »Naturama«. Es geht mit leichter Steigung und gut beschattet am Ufer des Bachlaufs entlang, und man taucht förmlich in die bachnahe Vegetation ein. Es plätschert munter vor sich hin – an warmen Tagen ein erfrischendes Geräusch. Ein wenig Geduld ist gefragt, es müssen noch einige sanfte Höhenmeter zurückgelegt werden, bis die Kunst-Eyecatcher sich in kurzer Folge aneinanderreihen. Vorher kann man die für das Murgtal typischen Tiroler Heuhütten, die Einwanderer einst einführten, auf diversen Wiesengrundstücken am Wasser bewundern. Aber dann geht's los – über 40 Kunstinstallationen unterschiedlichster Künstler und Künstlerinnen wechseln sich am Wegesrand ab.

Dem Betrachter bietet sich eine anregende Mischung aus unkonventionellen Ideen, Arbeiten mit Naturmaterialien, massiven Stahlkonstruktionen, Durchblicken, Farbigem, Wegweisendem und Verstecktem. Es gibt viel zu entdecken in jedem Winkel der Bachwiesen, im Baum hängend oder von Gebüsch umrankt. Der Wanderweg führt 3,2 Kilometer durch eine herrliche Landschaft.

Alle hier ausgestellten Kunstwerke sind Leihgaben der Künstler mit jeweils individueller Verweildauer, und jährlich werden Objekte ergänzt oder getauscht, was das Konzept lebendig hält. Um die Kunstwerke kümmert sich der Verein Kunstweg am Reichenbach e.V., der auch Informationen zu den Kunstschaffenden und ihren Installationen bereithält. Der Weg endet im fachwerkreichen Ortsteil Reichental.

Adresse Wanderparkplatz Am Reichenbach, 76593 Gernsbach, www.gernsbach.de | Anfahrt über die B 462 ins Gernsbacher Tal bis zum Abzweig Reichental / Kaltenbronn, Wanderparkplatz nach dem Abzweig rechts | Öffnungszeiten immer zugänglich | Tipp Am Festplatz Hilpertsau in der Sonnenallee 1 liegt das kleine, aber feine Theater in der alten Turnhalle (Events und Termine unter www.alteturnhalle.de).

57 Das Mahnmal am Rumpelstein

Lernort zum Thema Nationalsozialismus

Der monumentale Rundbau ist schon von Weitem sichtbar. Wer unbedarft auf die Anhöhe gelangt und sich auf einen herrlichen Aussichtspunkt freut, den »rumpelt« es bei näherem Hinsehen etwas durch auf dem Rumpelstein. Man findet hier nämlich ein Kriegerdenkmal mit Aufmarschplatz vor. In der Mitte des Rundbaus thront ein riesiger steinerner Stahlhelm auf einem Sockel. Ups – krasse Kriegsverherrlichung während des Nationalsozialismus.

Errichtet wurde das Monument 1936 zu Ehren der Gernsbacher Gefallenen des Ersten Weltkriegs, und es diente bis 1945 auch zu Propagandazwecken. Später gedachte man hier zusätzlich den Kriegstoten des Zweiten Weltkriegs. Noch später wurde das Denkmal durch einen Gedenkstein für die Heimatvertriebenen ergänzt.

Man tat sich lange schwer mit diesem Monument, schließlich beginnen viele Gäste aus nah und fern unweit von hier am Wanderportal den Premiumwanderweg Murgleiter. Da hinterließ das unkommentierte, unreflektierte Denkmal immer ein gewisses »Gschmäckle«. Als der Gemeinderat sich 2020 jedoch für einen Umwidmungsprozess entschied, wurde dieser Zustand nachhaltig geändert. Man beschloss, das Bauwerk durch die Installation von vier Informationstafeln zu ergänzen, um Besuchern die Einordnung in den geschichtlichen Kontext zu ermöglichen. Damit schuf man einen Lernort, der zur Vergangenheitsbewältigung beiträgt, der mahnt und erinnert. So konnte die Stadt schließlich mit dem Denkmal ihren Frieden schließen – durch einen offensiven Umgang mit diesem Teil der Geschichte. Teurer als geplant in der Umsetzung, aber in diesen Tagen wertvoller und sinnvoller denn je.

Der Blick von hier auf die Gernsbacher Altstadt mit Stadtmauer, engen Gassen und schön restaurierten Häusern sowie auf das Murgtal kann sich absolut sehen lassen.

Adresse 76593 Gernsbach | Anfahrt auf der B 462 nach Gernsbach, in der Altstadt parken, weiter zu Fuß über Schlossstraße und Im Grund, kleiner Pfad zum Rumpelstein | Tipp Ein Stück südlich, fast unten an der Murg, aber oberhalb der Klingelstraße liegt die hübsche neugotische Klingelkapelle (1851–1853), die den Startpunkt für den Gernsbacher Sagenweg darstellt (Klingelstraße 14).

58 Die Murginsel

Klein, aber oho!

Eine Insel mit zwei Bergen? Nein, Lummerland ist sie so gar nicht. In den warmen Monaten ist sie vielmehr ein »Rumlümmel-Land«. Da sie auf ganz alten Karten verzeichnet ist, muss es diese Insel »schon immer« gegeben haben.

Das flache Eiland liegt etwas südlich der Altstadt und ist eine große Wiese, idyllisch vom Wasser der Murg umgeben, mit Miniaturstrand-Gefühl und umsäumt von hohen Bäumen. Zudem findet man hier einen Basketball- und einen Bouleplatz mit Clubhaus. Zu erreichen ist die Insel nur über eine Fußgängerbrücke, also ein abgeschlossenes Areal – eigentlich ideal für Kindergeburtstage.

Dass man hier gut feiern kann, ist schon anderen aufgefallen: Jedes Jahr verwandelt sich die Wiese in ein mittelalterliches Dorf. Dann blinken Rüstungen und Schwerter, Zeltlagerstätten werden aufgebaut, Spielleute und Gaukler unterhalten die Besucher, Waffenkünstler mit Armbrust und Axt zeigen ihr Können, und über die Insel weht der Duft von Grillgut und Holzofenfladen. Außerdem findet hier das Gernsbacher Kinderfest mit diversen Spielaktionen statt, und einmal im Jahr dient die Insel als Fahrerlager für die Oldtimerveranstaltung auf der ehemaligen Schlossberg-Rennstrecke, genannt »Schlossberg Historic«.

Tatsächlich dachte man sich 1970 ein Bergrennen auf diesem Parcours für Tourenwagen aus. Egal, ob im Porsche, Renault Alpine, Ford Escort oder Opel Manta – die Fahrer rangen um die Bergtrophäe. Der Hausherr von Schloss Eberstein, Seine Königliche Hoheit Max Markgraf von Baden, übernahm jährlich die Schirmherrschaft über das Schlossberg-Rennen. Es war unter den Fahrern so beliebt, dass 1972 sogar der »Bergkönig« Hans Stuck vorbeischaute. Ölkrise, Baustellen, Genehmigungsprobleme, Auflagen, Umweltbedenken und Politik setzten dem ein Ende. Das 14. Rennen 1989 war das letzte dieser Ära. Seit 2004 geht es nun um Berg-Gleichmäßigkeitsprüfungen, um Nostalgie und historische Fahrzeuge.

Adresse 76593 Gernsbach, www.gernsbach.de | Anfahrt auf der B 462 nach Gernsbach, in der Altstadt gegenüber der Murginsel parken, zu Fuß über die Brücke | Tipp Die Murg hält viele Highlights bereit, zum Beispiel den Grafensprung – einen Aussichtspunkt oberhalb der Murg am Sagenweg bei Schloss Eberstein, dann die Radtour »Tour de Murg« entlang des gesamten Flusses und nicht zuletzt die »Murgleiter«, einen 110 Kilometer langen Premiumwanderweg durch den Nordschwarzwald.

59__Der Lautenbachfelsen

Ein Motiv wie zur Zeit der großen Landschaftsmaler

Es ist ein würdiger Platz, um seinen Blick in die Weite schweifen zu lassen. Ein markanter Fels, eine Birke, etwas Heidekraut, eine Bank, alles in allem wie gemalt, ein Fotomotiv der Extraklasse. Caspar David Friedrich kommt einem bei so einem romantischen Landschaftsensemble in den Sinn. Hier ist auch ein guter Ort, um sein Vesper aus dem Rucksack zu holen.

Das Naturschutzgebiet um die imposanten Lautenbachfelsen ist einzigartig, unberührt und von Bergbächen durchzogen. Die Felsen sind aus etwa 300 Millionen Jahre altem wollsackverwittertem Granit. Man nennt den Vorgang auch »Matratzenverwitterung«, was nicht heißt, dass er wie im Schlaf abläuft. Vielmehr wirken physikalische und chemische Prozesse so auf das Gestein ein, dass die Kanten abgerundet und kissenartig erscheinen oder eben wie mit Wolle gefüllte Säcke aussehen. Zusammen mit dem Lochfelsen bilden die Formationen eine etwa 100 Meter hoch aufragende graue bis rosafarbene Wand.

Durch Auffaltungen und Abbrüche im erdgeschichtlichen Wandel trat der von Buntsandstein überlagerte Granit hier zum Vorschein. Ein Spruch beschreibt, aus welchen drei Mineralien Granit besteht: »Feldspat, Quarz und Glimmer – die drei vergess ich nimmer.« Die Felswände sind Lebensraum für seltene Flechten, die das Gestein teilweise schwefelgelb färben. Kolkraben, Eidechsen und Steppengrashüpfer leben hier. Schmetterlinge bevorzugen die angrenzenden üppigen Feuchtgebiete mit blütenreichen Pflanzenarten.

Sehr lohnenswert ist ein Aufstieg zu den Felsen von der Illertkapelle oberhalb von Lautenbach aus. Schon hier genießt man einen wunderbaren Blick. Vorbei am Stauweiher und dem Seminarhaus Lautenbach steigt man entlang des Bachbetts zügig in die Höhe und passiert die friedvolle Ahornwiese. Von dort folgt man dem Lautenfelsenweg bis zum belohnenden Murgtalblick an der beschriebenen Felsnase.

Adresse 76593 Gernsbach-Lautenbach | Anfahrt auf der B 462 nach Gernsbach, weiter auf der L 564 nach Loffenau, von dort auf der Lautenbacher Straße bis zum Parkplatz an der Illertkapelle | Tipp Zwischen Loffenau und Illertkapelle kann man auch den schönen Panoramaweg entlangspazieren, wenn man nicht hoch hinaus möchte.

60 Das Fachwerkdorf

»Holz vor der Hütt'n« am Schweine-Eichenwald

Es ist ein sehr charmantes und pittoresk in die Landschaft gebettetes Dorf. Der auf 384 Metern liegende Höhenstadtteil von Gernsbach zieht sich Richtung Kaltenbronn den Hang hinauf. In exponierter Lage befindet sich die alles überragende katholische Dorfkirche St. Mauritius mit Friedhof und einmaligem Blick über Teile der umliegenden sieben Täler. 1899 wurde hier der erste Gottesdienst gehalten.

Erste Erwähnung fand Reichental bereits 1339/1340, und 2015 feierte man das große 675-Jahre-Jubiläumsfest. Historisches Lebenselixier der Reichentaler war das viele »Holz vor der Hütt'n«. Viele Handwerksberufe entstanden rund um das Thema Holz, was man heute auf Privatinitiative basierend in der ehemaligen Dorfsägemühle nachvollziehen kann. Das liebevoll gestaltete Waldmuseum befindet sich mitten im viele Fachwerkhäuser zählenden Ort.

Heute ist der Nordschwarzwald vor allem von dunklen grünschwarzen Fichten bewachsen, aber einst bestand der Mischwald aus Tannen, Buchen, Eichen. Die Eichenstämme aus dem Murgtal fanden beispielsweise auch in Rotterdam Verwendung. Auf die Freiflächen des lichten Waldes trieben die Hirten gern ihr Vieh, vor allem die Schweine, weil sie hier genug Eicheln und Bucheckern fressen konnten. Eine Volksweisheit besagte schließlich: »Auf den Eichen wachsen die besten Schinken!«

Diese als »Flasland« bekannte eichenbestandene Hochebene oberhalb von Reichental kann man auf dem Themenpfad »Natur und Geschichte pur in Reichental« rund um den Ortsteil erwandern. Es gibt – auch online – einen informativen Flyer dazu. Auf dem etwa elf Kilometer langen Weg begegnet man außerdem den aussichtsreichen Orgelfelsen, der historischen Köhlerei, der Ziegenweide, der Mahlmühle und vielem mehr. Die Idylle des Ortes ist auch Baden-Badener Filmteams nicht verborgen geblieben, denn hier wurde schon für die Fallers gedreht. Einfach sehr pittoresk!

Adresse 76593 Gernsbach-Reichental, www.gernsbach.de | Anfahrt über die B 462 ins Gernsbacher Tal bis zum Abzweig Reichental/Kaltenbronn | Öffnungszeiten Waldmuseum: Mai–Okt. So 14–18 Uhr | Tipp Der Dorfladen mit Café in der Ortsmitte zeigt, dass Reichental über ein lebendiges Dorfleben verfügt. Ermöglicht wurde es durch den Elan der Bürger und die Dorfinitiative, gefördert vom LEADER-Programm.

61 Die Schwarzwald-Randplatte

Der Naturpark in Nordnordwest

Im Jahr 2021 trat die Gebietsänderung für den Naturpark Schwarzwald Mitte/Nord in Kraft. Seither gehört die Gemarkung Durlach mit den Ortsteilen Durlach, Hohenwettersbach, Stupferich, Wettersbach und Wolfartsweier zum größten Naturpark Deutschlands mit einer Fläche von 420.000 Hektar. Karlsruhe wurde damit vom Eingangstor zu einem Teil des Naturparks. Dessen Ziele sind nicht so streng wie bei einem Nationalpark, aber auch hier dreht es sich darum, die Natur verantwortungsvoll erlebbar zu machen und typische Schwarzwald-Landschaften zu erhalten. Der Naturpark fördert diverse Projekte zum Erhalt der vielfältigen Kultur- und Naturlandschaften sowie naturverträglichen Tourismus.

Hohenwettersbach ist eines der sogenannten »Karlsruher Bergdörfer«. Nördlich davon schließt sich der Naturraum Kraichgau an. Dazwischen hat sich morphologisch eine Übergangszone gebildet, die zum Gäu hin kontinuierlich abfällt. Die Schwarzwald-Randplatten bilden den Buntsandstein-Saum des Nordschwarzwaldes. Mit dem Wildgehege im Rücken kann man von der Nordnordwest-Ecke des Naturparks aus durch eine Waldschneise auf Karlsruhe hinunterblicken. Hier steht ein Waldsofa, genauer gesagt eine Sofa-Schaukel – ein sehr entschleunigender Ort mitten im Wald.

Der WaldWelt-Lehrpfad »Dachsweg« im Stadtwald zwischen Durlach und Hohenwettersbach ist 3,2 Kilometer lang und wird in kindgerechter Sprache von dem Maskottchen Diana Dachs begleitet. An 17 Stationen kann man haltmachen und vieles über den Wald und seine Bewohner erfahren. Kreative Spielmöglichkeiten unterwegs, ein großer, neu gestalteter Waldspielplatz und das Wildgehege machen den Rundweg zu einem tollen Familienerlebnis. Der Dachs taucht immer wieder auf und wurde hier oben auch schon real beobachtet. Also Obacht auf der Randplatte!

Adresse Wanderparkplatz Erlebnisweg/Waldlehrpfad »WaldWelt«, 76228 Karlsruhe-Hohenwettersbach | **Anfahrt** B 3 bis Zündhütle, dann auf der Tiefentalstraße nach Hohenwettersbach, am Ortseingang in die Straße Rehbuckel bis zum Wanderparkplatz | **Tipp** Passend zum Waldlehrpfad: In einem ehemaligen Forsthaus unweit der Bergdörfer befindet sich eine genussvolle Weinbar und Schenke (Pforzheimer Straße 35, www.foerstlich.de).

62 Die Sequoias

Exoten, Alleen und eine alte Dorfstraße

»Exoten im heimischen Wald«, so lautet das Motto des Experiments im Staatswald Rittnert. Seit 1880 pflegt und beobachtet man hier Pflanzungen fremdländischer Baumarten unter den örtlichen Bedingungen. Interessanterweise verändern sich diese kontinuierlich, denn der Klimawandel beeinflusst Chancen und Wachstum: Wir werden insgesamt exotischer.

So viel zu Sinn und Zweck. Doch erst wenn man den Riesenmammutbäumen gegenübersteht, ist man wirklich fasziniert. In Kalifornien werden sie 90 bis 100 Meter hoch, erlangen 17 Meter Stammdurchmesser und ein Alter von 2.500 Jahren. Bei uns sind sie vermutlich vermehrungsunfähig, denn ihre Zapfen mit den Samen öffnen sich nur durch – hier glücklicherweise seltene – Feuer. Die vorhandenen Bäume sind ein gigantischer Ruhepol. Zwei Bänke stehen mitten im Wald, um hier zu verweilen – lohnt sich!

Wer eine Rundtour am Thomashof unternimmt und sich dabei Richtung Batzenhof aufmacht, der bekommt nach der Exotik am Rittnert nun Toskana-Feeling zwischen den Bergdorfhöfen präsentiert. Man sieht sie schon von Weitem mit schlanker Figur in strenger Reihe: Die Pappeln sind groß und schon etwas in die Jahre gekommen, deshalb werfen sie bei starken Windböen gern mal große knorrige Äste ab. Das war vor ein paar Jahren fast ihr Todesurteil. Eine Zeile musste deshalb schon weichen und wurde durch junge Bäume ersetzt. Die einzigartige Silhouette blieb jedoch eine Art Wahrzeichen in den sonst von Streuobstwiesen geprägten Bergdörfern.

Weiter Richtung Batzenhof findet man nur noch Reste einiger Apfelbaumspaliere, sie zieren die gepflegten Grüns des noch jungen Golfplatzes mit Clubhaus und Lokal am ehemaligen Obsthof. Verlässt man den Golfclub gen Hohenwettersbach, kommt man durch eine weitere Allee, diesmal Birken. Und auch die alte Dorfstraße südlich von Thomashof ist eine Allee, Obstbäume wechseln sich hier mit großen Buntsandsteinquadern ab.

Adresse Wanderparkplatz gegenüber vom Lamprechtshof, 76227 Karlsruhe-Thomashof | Anfahrt von der B 3 in Durlach in die Rittnertstraße Richtung Thomashof / Stupferich bis zum Parkplatz | Tipp Regionale Produkte, tolles Brot und leckere hausgemachte Kuchen gibt es im Backlädle Thomashof (Rittnertstraße 252).

63__Der Vinomat

Auftanken am »Toskanaweg«

Er befindet sich in den Dietlinger Weinbergen. In der Ortsmitte geht es die Kelterstraße hoch bis zum Obst- und Gartenbauverein und dort vom Parkplatz aus ein kurzes Stück im Weinberg gen Süden. Dort warten eine holzverkleidete Halle und im kleinen Vorbau der Vinomat des Weinguts Bischoff mit einer feinen Auswahl an gekühlten Weinen auf Wanderer und Radler. Eine Einladung zum Gläsle Wein direkt vor Ort, zwischen Reben und mit perfekter Aussicht, am Weinfasstisch stehend oder auf den verschiedenen Sitzgelegenheiten. Der Vinomat muss mit EC- oder Kreditkarte gefüttert werden, dann kann der gute Tropfen fließen. Gläser bringt man mit oder erwirbt sie direkt dort.

Claus und Robin Bischoff betreiben auf etwa acht Hektar in den Lagen Dietlinger Klepberg und Ellmendinger Keulebuckel ökologischen Weinanbau. Bereits seit 1990 gehört ihr Betrieb zum Bundesverband ECOVIN. Ausschließliche Handlese und behutsame, kompromisslose Verarbeitung lassen hier jedes Jahr aufs Neue Qualitätsweine reifen.

Ein toller Spazierweg führt vom Ellmendinger Friedhof weiter oben zwischen den Rebhängen und dem Wald entlang, immer in der Höhe, mit wunderbarer Sicht über die sanfteren Vorhügel. Gerade im Herbst oder in der Abendsonne genießt man hier ein liebliches Ambiente, gerade so als wäre man in der deutschen Toskana gelandet.

Die Rebhütten am Wegesrand sind sehr gepflegt, und an manch einer hängt ein flotter Trinkspruch, dem mit Sicherheit schon Generationen zugeprostet haben. Zwischendrin tauchen Traktoren, Höfe und Pferdekoppeln auf. Ein ländliches Idyll. Wenn man dann am Vinomat Pause macht oder dort die Tour ausklingen lässt, ist man von der Natur reich beschenkt worden. Der Weg lohnt sich zu jeder Jahreszeit. Besonders dann, wenn man unterwegs in der von der Weinbar Förstlich betriebenen Weinberghütte einkehrt, oftmals mit musikalischer Begleitung.

Adresse Weingut Bischoff, Bahnhofstraße 14, 75210 Keltern-Dietlingen, www.weingut-bischoff.de; Weinberghütte etwas oberhalb vom Albrechtshof, www.foerstlich.de | **Anfahrt** kurz vor Pforzheim an der L 562, in der Ortsmitte von Dietlingen in die Kelterstraße, vom Parkplatz aus gen Süden | **Tipp** In Ellmendingen gibt es noch eine historische Alte Kelter, in der regelmäßig musikalische Veranstaltungen stattfinden (Winzerstraße 7, www.kelterkonzerte.de).

64 Die Fatima-Andacht

... und der Schnapsbrunnen

Der Name der Grotte stiftet zunächst einmal etwas Verwirrung. Fatima ist ursprünglich ein weiblicher arabischer Vorname. Im iberoromanischen Sprachraum ist er beliebt in Kombination mit dem Namen Maria, als Maria Fátima. Der portugiesische Ortsname, auf den hier Bezug genommen wird, soll sich der Legende nach von einer maurischen Prinzessin ableiten.

Genau in diesem über 2.000 Kilometer entfernten Fátima soll es am 13. Mai 1917 erstmals zu Marienerscheinungen gekommen sein. Die Jungfrau sei drei Hirtenkindern erschienen, von denen noch Fotos existieren. Daraufhin entstand das imposante Heiligtum von Fátima, heute der bedeutendste Wallfahrtsort Portugals und neben Lourdes einer der bekanntesten der römisch-katholischen Kirche überhaupt. Jedes Jahr pilgern mehrere Millionen Gläubige an diesen Ort, der auch die viertgrößte Kirche der Welt mit riesigem Vorplatz beherbergt.

Nun, zwischen Lauf und Sasbachwalden ist alles etwas kleiner, und der Akzent überm a fiel auch weg. Am Grobekopf findet man eine gepflegte Andachtsstelle, die hier wohl in den 1930er Jahren eine die Gottesmutter von Fátima verehrende Schwester der Franziskanerinnen initiiert hat. Eine Marienfigur in einer geschützten Felsnische unter einem Vordach, Kerzen, Blumen, Dankesschilder. Es gesellte sich irgendwann ein Fatimabrunnen hinzu, heute ist er ein Schnapsbrunnen am Wanderweg: eine Selbstbedienungsstation mit Kirschwasser, Williams-Christ, Mirabellenschnaps. Alles da zum Probieren, mit Sitzbänken, Mühlensteintisch und bester Aussicht über Sasbachwalden. Ein Spendenkässle steht bereit.

Den Schnäpsen auf die Spur kommt man so oder so rund ums blumige Fachwerkdorf Sasbachwalden. Es gibt gleich zwei ausgewiesene Schnapsbrunnenwege, die um den Ort führen. Herrliche Blicke über die Reblandschaften, quellwassergekühlte hochprozentige »Probiererle« aus der Gegend – was will man mehr direkt am Naturpark?

Adresse Grobekopf 2, 77886 Lauf (Baden) | Anfahrt über die B 3 und die L 86a bis Lauf, dann über Laufbachstraße und Hornenbergstraße in den Höhenstadtteil Hornenberg, dort parken, die Straße weiter bis Grobekopf wandern, Grotte unterhalb der Straße | Tipp Fatima-Kapellen gibt es auch oberhalb von Oberkirch sowie in Bühl und Neuweier. Die nächste Lourdes-Grotte befindet sich in Oberachern, etwas unterhalb des schönen Aussichtspunktes »Jockele-Guck«.

65 Das Wallfahrts-Juwel

Spätgotische Sakralbaukunst

Jahrhundertelang war die Kirche Mariä Krönung, vor allem ihre künstlerische Ausstattung, das unangefochtene Aushängeschild und ein Besuchermagnet in Lautenbach. Erst die moderne mediale Welt und die sozialen Netzwerke sorgten dafür, dass ausgerechnet ein kleines, im Vergleich noch sehr junges Hexenhäuschen diesem bedeutenden Kulturdenkmal den Rang ablief. Lautenbach ist heute, dem Zeitgeist folgend, das Dorf des Hexen- und Teufelsteigs.

Nachhaltig beeindruckend ist etwas anderes. Man hält den Atem an, wenn man diese Kirche betritt. Man trifft hier auf ein ausgewogenes Spiel von Licht und Schatten zwischen dicken Kirchenmauern. Abgeschottet von den weltlichen Geschehnissen, hat sich hier perfekte Kunst-Harmonie einer anderen Zeit erhalten. Auch unbedarften Betrachtern fallen Formen, Farben, einzigartige Glasbilder, Schnitzereien und die faszinierende Gestaltung der Decken auf. Die Architektur des Baumeisters Hans Hartwig sorgt mit den Netzgewölben hoch über den Köpfen der Pilger und Besucher für den Eindruck, eine Miniatur-Kathedrale zu betreten.

Aus elsässischem Buntsandstein gebaut, ersetzte die Kirche eine zu klein gewordene Kapelle. Der Propst und der Konvent von Allerheiligen waren die Initiatoren des Baus, der 1483 fertiggestellt wurde und unverändert blieb. Die Lautenbacher Wallfahrtskirche überstand den Dreißigjährigen Krieg, Brände, Plündereien sowie den Ersten und den Zweiten Weltkrieg völlig unbeschadet. Außerdem wurde sie aus Geldmangel über Jahrhunderte hinweg nie gestalterisch überformt. Das grenzt an ein Wunder.

Auch heute noch pilgern nicht nur Gläubige, sondern auch Kunstprofessoren und ihre studentische Entourage hierher. Kunsthistorisch ist die Kirche von unschätzbarem Wert, und man wird ein bisschen kleinlaut vor dem dreiflügeligen Altar mit den beeindruckenden Skulpturen. Mariä Krönung liegt außerdem eingebettet in wunderschöner Landschaft.

Adresse Mariä Krönung, Hauptstraße 75, 77794 Lautenbach | **Anfahrt** über die B 28 Richtung Oppenau bis zur Renchtalstraße, dann ein kurzes Stück nordwestlich Richtung Lautenbach, Kirche rechter Hand | **Öffnungszeiten** Mai–Okt. So Kirchenführungen 11 Uhr vor dem Hauptportal, sonst täglich 9–19 Uhr, April–Okt. täglich 8–19 Uhr | **Tipp** Da wäre noch das mit den Hexen und Teufeln, die heute das Hauptthema von Lautenbach sind – und das fotogene kleine Hexenhaus oben am Sohlberg.

66 Das Große Loch

... und die weite Aussicht – teuflisch gute Orte

Man muss sie sich erwandern, denn man kommt ausschließlich per pedes zu den Naturdenkmälern »Großes Loch« und »Teufelskammern«. Zum Höhengasthaus Teufelsmühle und zum Aussichtsturm mit Wanderheim des Schwarzwaldvereins führt aber ein Fahrweg, der auch bei Mountainbikern beliebt ist. Im Sommer wird an den Wochenenden ab dem Wanderparkplatz Risswasen eine Mautgebühr erhoben.

Die Wanderung startet am Risswasenparkplatz oberhalb von Loffenau, der über einen von der L 564 abgehenden Fahrweg erreichbar ist. Die Tour ist mittelschwer und erfordert eine gute Kondition sowie etwas Trittsicherheit, auch wenn die Strecke überwiegend gut begehbar und Richtung Teufelsmühle als Wanderweg ausgeschildert ist. Im Bereich des Großen Lochs und der Teufelskammern wird der Pfad etwas abenteuerlicher, schmäler und ist seitlich teilweise mit Holzgeländern gesichert. Steil fällt der Hang hier ab, er ist durchzogen von Buntsandsteinformationen. Die Teufelskammern sind durch Erosion im Geröllsandstein entstanden. Weicheres Material wurde ausgespült, und nur die Decke und zwei Pfeiler blieben stehen, da sie aus härterem, standhafterem Buntsandstein geformt sind.

Man kann die Höhlen auf eigene Gefahr erkunden und sich dabei ein wenig wie die Wilderer oder Schmuggler fühlen, die hier im ehemaligen Grenzbereich der Herzogtümer sicher so manches Mal Unterschlupf suchten. Leider ist nicht belegt, warum hier vieles nach dem Teufel benannt ist, aber es beflügelt die Phantasie. Die Aussicht von der Teufelsmühle ist jedenfalls sagenhaft, vor allem vom Startplatz West der »Teufelsflieger« (Drachen- und Gleitschirmclub Loffenau e. V.) und vom Aussichtsturm aus.

Wenn im Herbst und Winter unten der Nebel hängt, hat man oft Glück und kann von hier oben auf ein beeindruckendes Wolkenmeer und Schwarzwaldhügel in allen Schattierungen unter blauem Himmel blicken. Teuflisch gut!

Adresse Aussicht am Höhengasthaus Teufelsmühle, Teufelsmühle 1, 76597 Loffenau | Anfahrt über die B 462 bis Gernsbach, dann über die L 564 nach Loffenau und weiter bis zum Abzweig Teufelsmühle; alternativ von Bad Herrenalb aus Richtung Loffenau und bis zum Abzweig Teufelsmühle | Öffnungszeiten Sa, So 11.30–18 Uhr | Tipp Am Sattelpunkt zwischen Loffenau und Bad Herrenalb (Käppele) befindet sich ein wunderbarer Aussichtspunkt direkt an der Straße. Der Kiosk wird renoviert und zu neuem Leben erweckt. Falls er nicht geöffnet ist, bietet Loffenau mehrere Einkehrmöglichkeiten.

67_Die Laufbachwasserfälle

»Un peu d'Alsace«

Ein wenig Elsass? Ja, so könnte man es ganz gut auf den Punkt bringen. Von einem höheren Standpunkt aus kann man sogar ins Nachbarland rüberschauen. Aber warum diese Assoziation? Nun, die elsässischen Landschaften sind von einem rauen Klima geprägt – so auch diese hier, bedingt durch die Höhenlage von Loffenau.

Die Häuser entlang des Laufbachs sind heimelig, aber nicht zu aufgehübscht, und die Parkanlage zwischen Kirchwiesen und Dorfstraße ist angenehm grün und naturnah am plätschernden Bach. Wunderschöne Fachwerkhäuser verteilen sich an der Dorfstraße, oft auch in zweiter Reihe. Die dortige spätgotische Heilig-Kreuz-Kirche hat viel mehr zu bieten, als man zunächst vermutet, und hält gleich zwei Trümpfe bereit: eine denkmalgeschützte Walcker-Orgel und den Turmchor einer Vorgängerkirche mit spätmittelalterlichen Fresken. Echte Schätze!

Nach einem hübschen Fachwerkhaus auf grüner Wiese kurz vor dem Pfarramt kommt man am Sägmühlteich an ein idyllisches Fleckchen, das an Frankreich erinnert. Am mit Blumen verzierten Staubecken mit diversen Fischen befindet sich vor dem großen Schuppen und dem Feuerwehrhaus ein geschotterter, schattiger Dorfplatz. Natürlich stellt man sich hier Boule spielende ältere Herren in der Abendsonne vor. Man macht dann die Biege in den Mühlweg. An einem Gartenzaun entlang geht's mit Blick auf die wunderschönen Fachwerkhäuser mit ihren terrassierten Bauerngärten am Steilhang in die »Tiefe«. Vorher erhascht man noch einen umwerfenden Blick auf die umliegenden Berghöhen. Die Umgebung wechselt, man betritt Wald und Wildnis und folgt dem schmalen Weg steil bergab zu den rauschenden Laufbachwasserfällen. Eine tiefe Schlucht, kleine Aussichtsplattformen, ein schmaler Pfad – so geht es weiter ins Tal hinunter. Weiter unten trifft man auf einen Forstweg. Folgt man diesem rechts hangaufwärts, gelangt man auf der anderen Laufbachseite zurück in den Ort.

Adresse Mühlweg, 76597 Loffenau | Anfahrt über die B 462 bis Gernsbach, dann über die L 564 nach Loffenau; alternativ von Bad Herrenalb aus in Loffenau über die Dorfstraße und die Pfarrstraße zum Laufbach und weiter zum Wasserfall | Tipp Von Loffenau hat man immer wieder Schloss Eberstein im Blick, eine Sehenswürdigkeit mit Hotel und Restaurant hoch über dem Murgtal (Schloss Eberstein 1, www.hotel-schloss-eberstein.de).

68 Die Großvatertanne

Zeigt Größe im Nordschwarzwald

Man muss nicht nach Amerika fliegen, um einen echten Baumriesen zu sehen. Groß, größer, Großvatertanne – sie ist die mächtigste Tanne im Schwarzwald. Die Maße sprechen zwar ihre eigene Sprache, aber wie beeindruckend dieser Baum wirklich ist, offenbart sich erst, wenn man ihm gegenübersteht und den Kopf weit in den Nacken legen muss, um in seine Krone schauen zu können. Die Tanne ist königliche 46 bis 47 Meter hoch, der Stammdurchmesser beträgt mehr als 1,5 Meter und der Umfang 5,3 Meter.

Die enorme Weißtanne steht auf rund 800 Metern Höhe im Loßburger Forst. Insgesamt befanden sich vier von diesen Baumriesen auf dem Buntsandstein-Plateau. Wenn man vom Parkplatz Lauferbrunnen aus hierher wandert – immer dem Wegweiser zur Tanne folgend –, dann gibt es vielleicht einen kurzen Schreckmoment, wenn man zunächst den Stumpf einer 2018 gefällten Weißtanne ähnlicher Größe passiert. Keine Sorge, die anderen Riesen-Tannen sind noch da.

Durch das Fällen des kranken Baumes hatte man die Chance, die Jahresringe zu zählen. Man weiß daher, dass die Riesen rund 300 Jahre alt sind. Da wird man ehrfürchtig vor dem Alter. Sie müssen in ihrer Jugend viel Licht abbekommen haben, das ließ sie so in die Höhe schießen. Hier befand sich früher ein Bauernhof, der Schöllkopfhof. Die Großvatertanne war »in ihrer Kindheit« ein einzeln stehender Baum auf einer Wiese. Heute ist davon nichts mehr zu sehen. Wald, so weit das Auge reicht.

Um den Baum vor zu großem Ansturm im nahen Wurzelbereich und am Stamm zu schützen, wurde ein Holzzaun drum herum gebaut. Wer unbedingt einen Weißtannen-Riesen umarmen möchte, der kann das ein paar Meter weiter behutsam mit den sogenannten »Tanten« in der Nachbarschaft machen. Aufgrund ihrer herausragenden Größe sind die Bäume leider durch Blitzschlag gefährdet. Mögen sie noch lange aufrecht und stattlich hier stehen, um weiterhin bewundert werden zu können.

Adresse Wanderparkplatz Lauferbrunnen, 72290 Loßburg | **Anfahrt** Tanne über Freudenstadt zu erreichen, über die L 405 Richtung Schenkenzell und weiter bis zum Wanderparkplatz links der Straße | **Tipp** Etwas weiter nördlich, in der Nähe des Langenwaldsees, liegt mitten im Wald das Café Teuchelwald mit angenehm schattigem Biergarten (Schömberger Straße 7, www.waldcafe-teuchelwald.de).

69 Vierundzwanzig Höfe

Wo man für den Monkey 47 brennt

Was ist das denn für ein Name? Klingt grad so, als wäre den Verantwortlichen nichts besseres eingefallen. Die Höfe schlossen sich 1813 zusammen und bildeten 1835 eine politische Gemeinde mit Schulhaus und Rathaus. Früher wurde die Gegend »auf den Bergen« genannt, sie umfasste 18 Höfe des Ehlenbogener Stabes und 5 Höfe des Peterzeller Stabes. Ein »Stab« war eine Verwaltungseinheit des Klosteramtes Alpirsbach. Wer rechnet, der merkt: Das sind insgesamt nur 23 Höfe. Es kam später noch das Gut »Edelmännischer Trollenberg« hinzu, wo sich heute eine Käsemanufaktur für handgemachten Bio-Käse und ein Hofladen befindet.

Heute ist Vierundzwanzig Höfe ein Ortsteil der Gemeinde Loßburg und besteht immer noch aus einzelnen Höfen und Weilern. Die Gegend ist sehr dünn besiedelt, und vermutlich gibt es auf dieser Ebene auf 600 bis 700 Metern Höhe wegen der vorherrschenden Viehwirtschaft mehr Kühe als Menschen.

Was man nicht vermutet, ist, dass der bekannte Schwarzwald-Gin »Monkey 47« hier produziert wird. Schon wieder eine Zahl im Namen. Die soll auf die im Gin-Rezept verwendeten 47 verschiedenen Kräuter verweisen. Der Markenlegende nach geht das Rezept auf den Royal-Air-Force-Commander Montgomery Collins zurück. Er soll sich für einen Affen im Berliner Zoo eingesetzt und ein Lokal im Schwarzwald mit dem Namen »Gasthof zum wilden Affen« betrieben haben. In einer Kiste mit dem Nachlass soll schließlich das Schwarzwälder Erfolgsrezept aufgetaucht sein. Wie auch immer, es ist zumindest eine gute Geschichte.

Mittlerweile gehört die Marke dem Konzern Pernod Ricard. Destillerie-Führungen können bei Interesse online gebucht werden, ansonsten ist man hier gern ungestört. Auch Reisende können sich dessen sicher sein: Die Hochebene ist die Ruhe selbst. Es bietet sich an, das Sonnenplateau mit dem Rad zu erkunden, die Steigungen halten sich in Grenzen.

Adresse 72290 Loßburg, www.monkey47.com | Anfahrt an der B 294 zwischen Freudenstadt und Alpirsbach, in Loßburg in südlicher Richtung der L 408 bis Vierundzwanzig Höfe folgen | Tipp Bei Loßburg befinden sich die Kinzigquelle (Kinzig-Ursprung) und der 35 Meter hohe Vogteiturm auf der Rodter Höhe mit einem weiten Rundumblick.

70 Das Islandpferdezentrum

Ein Pferdetraum, nicht nur für Bibi und Tina

Nein, das ist nicht Island. Hier gibt es keine grasbedeckten Stallungen und nur selten Strickpullis. Wobei die Herden manchmal weit verteilt stehen und mit einem Quad zum Hof zurückgetrieben werden, und das sieht dann doch ein wenig wie in Island aus.

Das Islandpferdezentrum befindet sich auf halbem Weg zwischen Ettlingen und Bad Herrenalb. Man biegt direkt am Hotel Marxzeller Mühle Richtung Burbach ab, unterquert die Bahnlinie, passiert die Kirche St. Markus, überquert die Alb und nimmt dann die Serpentinen durch den Wald Richtung Höhenortsteil Burbach.

Die zu Marxzell gehörenden Ortsteile sind sogenannte »Rodungsdörfer«, die inmitten von Waldflächen freigeschlagen wurden und in Burbach heute eine liebenswerte Landschaft mit grasenden Weiderindern und temperamentvollen Islandpferden bieten. Mit Blick auf den Ort geht es auf dem Rücken der Freifläche links zum Wiesenhof. Das klingt nach Hendl, doch damit liegt man ganz falsch. Hier wird gewiehert, nicht gegackert. Und noch besser: Hier wird getöltet – eine Gangart, über die vor allem Islandpferde verfügen, denn neben Schritt, Trab und Galopp können bei ihnen noch Tölt und Rennpass dazukommen. Die Koppeln rund um den Wiesenhof liegen malerisch, und das weitläufige Anwesen ist Heimat von etwa 200 Islandpferden.

Reithalle, Dressurviereck, Ovalbahn, Stallungen, Gästehaus mit Restaurant, hier gibt es alles, was sich Pferdefreunde wünschen. Das Angebot reicht von Lehrgängen bis zur Reitschule und richtet sich sowohl an Anfänger als auch Profis. Auch für Erholungssuchende eignet sich die Umgebung hervorragend, und den Pferden auf der Weide zuzuschauen fördert eine gewisse Gelassenheit. Das Wanderwegenetz ist groß, und ein Abstecher über die Lichtung des Metzlinschwander Hofs runter zur Klosterruine Frauenalb ist ein Naturgenuss mit historischem Highlight und Einkehrschwung im Landgasthof »König von Preußen«.

Adresse Wiesenhof 1, 76359 Marxzell-Burbach, www.islandpferdezentrum-wiesenhof.de | Anfahrt von Ettlingen auf der L 564 bis Marxzell, dann rechts Richtung Burbach, auf dem Sattelpunkt hinter dem Ort links zum Wiesenhof | Öffnungszeiten Angebote siehe Website | Tipp Das Fahrzeugmuseum in Marxzell unten im Albtal ist ein kurioser Klassiker für Groß und Klein (Neuenbürger Straße 1, www.fahrzeugmuseum-marxzell.de).

71 Die Felsengärten

Auen, Wein, Kultur, Wasserkraft … alles im Fluss

Die Enzschleifen sind ein tolles Revier für Radler und Wanderer. Diese Region ist der liebliche nördliche »Vorbau« des Nordschwarzwalds und gehört naturräumlich zum Neckarbecken. Dem Fluss Enz von der Quelle in Enzklösterle-Gompelscheuer mitten aus dem Schwarzwald heraus folgend, befindet man sich hier am Unterlauf. Über 100 Kilometer lang ist der Enztal-Radweg vom Ursprung bis nach Walheim.

Ab Pforzheim radelt man durch die an manchen Tagen geheimnisvoll nebligen Enzauen und kommt direkt am Naturschutzgebiet Felsengärten vorbei. Wenn man mit dem Fahrzeug von Mühlacker nach Vaihingen unterwegs ist, ahnt man nicht, was einen nach dem Abzweig nach Mühlhausen erwartet. Die Straße führt an eine Kante und von dort zügig hinunter zum Fluss – ein spektakulärer Blick bietet sich auf die 180-Grad-Schleife samt Felswänden und Rebhängen.

Die terrassierten Mühlhausener Weinberge mit ihren Trockenmauern wurden erstmals Mitte des 14. Jahrhunderts erwähnt. Im Mittelalter erlebte der Weinbau an den Muschelkalkhängen der Enz seine Blütezeit. Diese Steilhanglagen sind der mühevoll zu bewirtschaftende Rest von einst. Kaum zu glauben, aber etwa 20 Kilometer Trockenmauern sind hier verbaut, auch damit der Hang hält. Der Wein verfügt durch die Sonnenlage über beste Qualität und wird unter Kennern geschätzt. Vielleicht auch von den flink durch Mauerritzen huschenden Eidechsen?

Mühlhausen liegt idyllisch eingebettet am Fluss, dessen Kraft an seiner engsten Schleifenstelle zur Stromgewinnung genutzt wird. Durch »Abschneiden« des Flusslaufes konnte mit Hilfe eines 135 Meter langen Stollens ein Nutzgefälle von rund 7 Metern generiert werden. Seit 1921 wird die Energie des Wassers im Laufwasserkraftwerk Mühlhausen in elektrische Leistung umgewandelt. Nimmt man den Weinwanderweg etwas unterhalb der Kante durch die Felsengärten, macht man wunderbar »die Biege« und genießt das einmalige Panorama.

Adresse Felsenweg, 75417 Mühlacker-Mühlhausen | Anfahrt A 8 bis Pforzheim, dann auf der B 10 nach Mühlacker, weiter Richtung Illingen, Vaihingen, nach Mühlhausen (Stichstraße) abbiegen und unten im Ort parken | Tipp Nicht entgehen lassen sollte man sich die Burgruine Löffelstelz mit sagenhaftem Blick über Mühlacker und die Enz. Ein Spielplatz und das Restaurant Olivenbaum liegen gleich daneben (Geißbergweg 51).

72 Der Fabelbrunnen

Mitten im Geschehen

Der Fabelbrunnen ist wie ein Wasserspielplatz – die Figuren und das Wasser stiften zum Planschen an, an warmen Tagen herrscht hier in der Stadtmitte reges Kindertreiben. Es ist aber auch zu verlockend, den flachen Backsteinsockel zu betreten, um sich die wasserspeienden Figuren einmal genauer anzuschauen. Sie sind im Kreis um ein zentrales sprudelndes Nadelöhr angeordnet. Die Bronzefiguren werden bestiegen und beritten, einige weisen schon starke Politur-Spuren auf, und im Sattelbereich glänzt es, denn die Figuren lassen dies schon seit 1999 über sich ergehen. Nur das goldene Einhorn sitzt weit oben und schickt seinen langen Wasserstrahl vom hohen Sockel in die Mitte. Meist tauschen die Kinder reihum ihren fabelhaften Sitzplatz, und so entsteht ein Kreislauf: vom Elefant zum Lamm zum Kamel zur Gans.

Der von Gernot Rumpf erbaute Brunnen hat biblischen Bezug. Der Bildhauer wurde durch diese Art von Brunnen bekannt und fertigte sie bereits für diverse deutsche Städte, aber auch für Jerusalem und Tokio. Viele davon verleiten ebenso zum Spielen mit Wasser wie der in Nagold – ein fortwährender Dialog mit der Kunst.

In unmittelbarer Nähe zum Fabelbrunnen befinden sich viele Traditionshäuser mit schönem Fachwerk. Auffällig ist die Schmid'sche Apotheke mit einem beeindruckenden Giebel mit reicher Jugendstil-Ornamentik an der Fassade. Zunächst war das Haus die Bürgermeisterwohnung, dann über Generationen eine Apotheke. Zurzeit wird ein neues Kapitel aufgeschlagen – die Apotheke schließt, das markante Gebäude bleibt. Ein ebenso herausstechendes Bauwerk ist das Hotel Restaurant Alte Post von 1697, in dem schon Majestäten abstiegen.

Davor befindet sich der Vorstadtbrunnen des Künstlers Josef Nadj von 2005. Er besteht aus Granit und stellt ein großes Fenster mit Wasservorhang in einer Wasserfläche dar. Ein Dialog zwischen Vergangenheit und Gegenwart.

Adresse Ecke Turmstraße/Marktstraße, 72202 Nagold | Anfahrt B 463 bis Nagold, im Zentrum parken, Brunnen in der Altstadt | Tipp Es gibt in Nagold noch einen klassischen Brunnen aus Sandstein mit grünblauem Becken: den Urschelbrunnen an der Ecke Badgasse/Marktstraße. Eine ruhige Unterkunft direkt an der Wasserkante und unweit der Altstadt bietet der Hotel-Gasthof Schiff, bereits in dritter Generation familiengeführt (Unterm Wehr 19, www.hotel-schiff-nagold.de).

73 Der Stadtpark Kleb

Ruhen, stochern, spielen

Der Stadtpark Kleb in Nagold hat was von einer Oase. Von der Stadtseite aus ist er nur über Fußgängerstege zu betreten, denn er »klebt« unterhalb des Schlossberges an einer sehr südlichen Kurve der Nagold. Der Fluss musste den hartleibigen Berg umfließen und bildete davor die Feuchtwiesen, die zu Beginn des letzten Jahrhunderts trockengelegt wurden.

Ab 1927 wurde hier im vormals reinen Fußballclub Nagold Feldhandball gespielt. Der Turnverein gründete sich schon 1847, und beide Vereine wurden 1934 zum »Verein für Leibesübungen« zusammengeschlossen, dem VfL Nagold, wie er noch heute heißt. Er verfügt über diverse Abteilungen mit zahlreichen Sportarten – jedoch an anderen Sportstätten.

Dem Sport widmen kann man sich auf der Stadtparkseite aber immer noch. Es gibt hier den großen Badepark und eine Soccerhalle. Der Park in seiner heutigen Form wurde 2012 als Teil der Landesgartenschau angelegt. Spannende Elemente wie der riesige Abenteuer- und Wasserspielplatz, eine Minigolfanlage, liebevolle Blumenrabatten, ein großer alter Baumbestand mit viel Schatten sowie Sitzbänke und Liegewiesen am Ufer der Nagold erfreuen Jung und Alt und machen den Park zum Familientreffpunkt. Und dann ist da ja auch noch das Klebbähnle mit Gleisen und Minibahn. Leider ist dessen Zukunft ungewiss, es stehen Veränderungen an.

Insgesamt ist der Stadtpark eine Art Freiluftwohnzimmer. In den Sommermonaten werden auf der Nagold neben dem üblichen Tretbootverleih sogar Fahrten mit dem Stocherkahn angeboten. Man kann hier mit Blick auf die gegenüberliegenden Nagold-Terrassen mit Restaurant, Bar und Lounge für lauschige Stunden die Seele baumeln lassen. Man kann sich aber auch ein Eis »auf die Faust« im nahen Punto Gelato gönnen und auf den Stufen am Wasser genießen. Aus welcher Richtung die Menschen mit den Eiswaffeln strömen, findet man schnell heraus.

Adresse Am Schlossberg, 72202 Nagold, www.nagold.de | Anfahrt B 463 bis Nagold, im Zentrum parken, über die Fußgängerzone zur Nagold und über den Klebsteg in den Stadtpark | Öffnungszeiten Stocherkahnfahrten unter www.stocherkahn-nagold.de buchbar | Tipp Das Schloss, die Burgruine Hohennagold, ist eine historische Sehenswürdigkeit mit Blick über die Stadt.

74 Das Viadukt

Und die Forstkugel

Außer der Nagoldschleife gibt es in der Stadt Nagold noch eine andere »Südkurve«, ein Baudenkmal mit erheblichen Ausmaßen. Es hat eine Länge von 500 Metern und eine maximale Höhe von 22 Metern. Die zweispurige Brücke besteht aus 17 Rundbögen, was sie auf Fotos manchmal wie ein Amphitheater wirken lässt. Eine stattliche Ingenieursleistung, die 1938 bis 1941 begonnen wurde, dann aber wegen des Krieges unterbrochen werden musste. 1956 waren schließlich auch die restlichen Bögen fertiggestellt.

Die Brücke quert die Waldach und überspannt das Tal als Umgehungsstraße L 362. Nach anfänglicher Skepsis, dass die Umgehung die Menschen einfach an der Stadt vorbeifahren lassen würde, entwickelte sie sich zum Wahrzeichen der Stadt.

Fußgängern unter den Brückenbögen fällt sofort die große Holzkugel in unmittelbarer Nähe auf, die »Forstkugel«. Sie steht hier seit der Landesgartenschau 2012 als Symbol für den nachwachsenden Rohstoff Holz, abends wird sie sogar beleuchtet. Drum herum ist die Rasenfläche terrassiert und mit Sitzgelegenheiten ausgestattet. Macht man hier ein »Päusle«, nimmt man links davon eine alte Lok und einen Waggon wahr: ein Gedenkort für die Schmalspurbahn »Altensteigerle«.

Die 1891 eröffnete Bahnlinie zwischen Nagold und Altensteig war die erste Schmalspurbahn der Staatseisenbahn im Königreich Württemberg. Erst 1967 wurde der Betrieb eingestellt, die Bahn bekam später diesen Freilicht-Ausstellungsort. Rechter Hand kann man den oberen Einstieg einer Rutsche auf der anderen Seite der Waldach erkennen. Dort liegt der Spielplatz Riedbrunnen vor der tollen Kulisse des Viaduktes. Ein spannender Spielort, vor allem der Rutschen-Kletterturm bietet Abwechslung. Eine Kindertagesstätte und Neubauten schließen sich Richtung Stadt an, in die man durch viel Grün immer an der Waldach entlang von hier aus gut zu Fuß gelangt. Ein schöner Einstieg.

Adresse Lindachstraße / Ecke Goethestraße, 72202 Nagold | Anfahrt B 463 bis Nagold, Richtung Stadtmitte, am 1. Kreisel in die Grafenwiesenstraße, am 2. Kreisel in die Lindachstraße abbiegen und weiter zum Viadukt | Tipp In der Altstadt von Nagold gibt es viele Traditionshäuser. Auf dem Weg vom Viadukt an der Waldach entlang liegt das Lokal »Insel Nagold Café & Bar«, es ist im Gegensatz dazu modern und hell und bietet eine Terrasse zum Wasser hin.

75 Der Zeller-Mörike-Garten

Gartenhaus-Romantik neben einem Bunker

Dieser zurückhaltende Wohlfühlort ist ein wunderschönes Kleinod. Ein Nagolder Kulturdenkmal, bestehend aus einem bezaubernden Gartenhäuschen, dem sogenannten »Schweizerhaus«, einem mit Liebe angelegten Garten und der Laube »Vatersruh«.

Der Nagolder Apotheker und Wissenschaftler Gottlieb Heinrich Zeller kaufte dieses Gartengrundstück 1831 vornehmlich zur Erholung und Erbauung seines kranken Vaters. Zeller war schon allein beruflich tief mit der Natur verbunden, pflanzte Sträucher und Blumen, aber natürlich auch Heilkräuter. Und er war mit dem Pfarrer und Dichter Eduard Mörike aus Ludwigsburg befreundet. Mörike kam während eines Kuraufenthaltes zu Besuch und spazierte mit den Gastgebern durch diesen romantischen Garten. Für alle war es eine eindrückliche Begegnung mit Tiefgang, denn Mörike zitierte hier auch aus seinen Gedichten. Im Zeller'schen Garten und im Schweizerhaus waren immer viele Gäste versammelt, zum Gespräch und zum naturwissenschaftlichen Diskurs. Er ist auch heute ein schöner Treffpunkt, ein Ort für Veranstaltungen und Lesungen. Aber nicht nur das: In dieser stilvollen Umgebung finden auf Anfrage auch standesamtliche Trauungen statt.

Im Erdgeschoss befinden sich die Küche des Hauses und ein Gastraum, in der Beletage ist das kleine Museum mit Exponaten aus dem Nachlass der Familie Zeller untergebracht. Die oberen Räumen sind auch Schauplatz der Veranstaltungen und Trauungen. Der Förderverein Zeller-Mörike-Garten e. V. kümmert sich um den Erhalt, die gärtnerische Pflege und die Veranstaltungsreihen.

Im krassen Gegensatz dazu steht das sogenannte »Kuhloch«. Die lange mit Graffitis besprühte unterirdische Röhre ist eine zum Bunker ausgebaute Unterführung der Bahngleise an der Emminger Straße. Sie ist zwar nicht schön, aber zumindest sehr fotogen.

Adresse Emminger Straße 42, 72202 Nagold, www.zeller-moerike-garten.de | Anfahrt B 463 bis Nagold, nördlich vom Bahnhof in die Zellerstraße und dann in die Emminger Straße | Öffnungszeiten Ende April–Anfang Okt. So und Feiertage 14–17 Uhr sowie nach Vereinbarung | Tipp Im denkmalgeschützten Bahnhof kann man das Ambiente des im Jahr 1872 erbauten Gebäudes bei Steaks und Bier genießen (www.bahnhof1872.de).

76 Die Bergvogtei

Der blaue Azurit und die heilige Barbara

Der Untertitel klingt wie eine Sage, wie ein verheißungsvoller Einstieg – jedoch in die »Unterwelt«. An diesem Ort dreht sich tatsächlich alles um »unter Tage«. Das Haus steht allerdings über den Dingen und sieht noch dazu sehr schmuck aus. Die Bergvogtei am Marktplatz stammt von 1394 und wurde schon 1450 als Amtshaus erwähnt. Sie war der Sitz des Bergamtes mit zuständigem Vogt, aber auch der des Bürgermeisters und des Stadtschreibers. Später wurde das Gebäude als Schule, Fabrik, Bank und Rathaus genutzt, noch später als Stadtbücherei und Bergbau- und Mineralienmuseum. Auch die Schwarzwälder Mineralienausstellung »Kristallwelten« war hier schon zu Gast. Stattliches Haus, stattliche Historie!

Vor allem vor blauem Himmel strahlt das Fachwerkhaus mit den roten Holzbalken und grünen Fensterläden. Blau ist auch die Farbe des Azurits – und wer ein gutes Auge hat, der kann Erzbrocken mit Azurit-Einschlüssen in Teilen der Stadtmauer aus dem 14. Jahrhundert entdecken, die Neubulach fast noch gänzlich umschließt. Einlass in den Ort gewährt der imposante Calwer Torturm, den man mitsamt seinem Turmzimmer mit Aussicht besichtigen kann.

Im Mittelalter war Neubulach *die* Bergbaustadt im Nordschwarzwald, deshalb war hier auch der Sitz der Bergvogtei. Im »Hella-Glück-Stollen« wurden einst hauptsächlich Silber- und Kupfererze gewonnen, aber bekannt ist Neubulach auch wegen der hier vorkommenden Minerale Azurit und Malachit.

Heute befindet sich in den Stollen das Besucherbergwerk Neubulach. Es werden regelmäßig Führungen durch die Langen Gänge angeboten, bei ganzjährig nur acht Grad Celsius. Im Gewölbekeller unter der Bergvogtei liegt die Barbarakapelle. Hier erhielten die Bergleute jährlich am 4. Dezember das »Barbaralicht«, das sie vor Unheil und Unfällen schützen sollte. Heute kann man sich hier trauen lassen und tauscht dabei vielleicht Ringe, die mit blauem Azurit besetzt sind.

Adresse Marktplatz 1, 75387 Neubulach, www.neubulach.de | **Anfahrt** von der B 463 zwischen Calw und Wildberg auf die L 348 Richtung Bad Teinach-Zavelstein abbiegen und kurz darauf Richtung Neubulach, am Marktplatz in der Altstadt | **Öffnungszeiten** aktuell Umbauarbeiten, Informationen auf der Hompepage der Gemeinde | **Tipp** Nordwestlich von Neubulach liegt ein schön erhaltener und gepflegter Schwarzwaldhof zum Feiern und Tagen (Lautenbachhof, www.lautenbach-hof.de).

77_Die Fischzuchten

Aus dem Becken direkt auf den Tisch

Der Parkplatz vor dem Fischverkauf am Talausgang ist meist gut besucht, vor allem an schönen Tagen am Wochenende. »Forelle gefüllt mit Zwiebeln nach Art des Hauses« aus dem Eyachwasser gibt es hier zu kaufen, fangfrisch, küchenfertig und bei Bedarf auch entgrätet zum Selbst-Zubereiten, aber auch bereits gegrillt oder geräuchert, mit und ohne Beilagen, zum Essen vor Ort oder zum Mitnehmen. An der Verkaufstheke sind noch weitere Spezialitäten rund um das Thema Fisch zu haben. Der Räucherduft liegt bereits am Parkplatz in der Luft und lässt Fischliebhabern das Wasser im Mund zusammenlaufen.

Auch sonst lohnt sich ein Ausflug hierher. In den Teichen vor dem Verkaufsgebäude geht es lebhaft zu. In manchen Becken schillert es bunt, manchmal goldgelb. Die Fischschwärme bewegen sich konzentrisch in den ruhig gelegenen Frischwasserbecken. Die Sitzbänke in der Nähe werden oft und gern genutzt, um diesem meditativen Schauspiel beizuwohnen.

Zu den Zordel-Fischzuchten gehören auch weitere im Harz befindliche mit ähnlichem Konzept. Im Außenbereich findet man viele Tische, an denen man es sich gleich schmecken lassen kann. Man sitzt hier ausgesprochen schön am rauschenden Bach, direkt am Eingang zum Naturschutzgebiet Eyachtal. Kinder halten ihre Füße in den Bachlauf und spielen am Wasser, erfrischende Getränke sorgen für eine willkommene Abkühlung und lassen den Fisch »inwendig« wieder schwimmen. Es ist ein Imbiss der besonderen Art.

Wer lieber so richtig stilvoll frischen Fisch essen möchte, der kann dies gleich um die Ecke an der Enz im Fischspezialitäten-Restaurant »Zur alten Mühle« tun, vor dem noch immer die Mühle mit einem riesigen Mühlrad klappert. Auch hier liegt ein Fischzuchtteich direkt vor der Haustür. In jedem Fall lohnt es sich, einen Abstecher weiter ins Eyachtal zu machen, per Rad oder mit dem Auto Richtung Eyachmühle und Dobel – Natur pur.

Adresse Eyachtal 1, 75305 Neuenbürg, www.fischzucht-zordel.de | Anfahrt von der B 294 zwischen Neuenbürg und Höfen an der Enz auf die L 340 ins Eyachtal, gleich hinter der Enzbrücke links, an der Enz bis zur Fischzucht | Öffnungszeiten April–Okt. täglich 8–19 Uhr, Nov.–März täglich 8–18 Uhr | Tipp Das Besucherbergwerk Frischglück in Neuenbürg ist interessant und verfügt zudem über eine Besucherschänke (Enztalstraße, www.frischglueck.de).

78 Die magische Hirschbrücke

Der Blick zur Seite – wow!

Neuenbürg nennt sich selbst »malerische Stadt an der Enz«. Eine Stadt am Fuß eines alles überragenden Bergs, der ein beliebtes Ausflugsziel mit Schloss, Museum und Restaurant darstellt. Hier oben findet man das begehbare Theater »Das kalte Herz«, das mit der Geschichte des Dichters Wilhelm Hauff (1802–1827) über den Kohlenbrenner Peter Munk Einblicke in den kulturhistorischen Schwarzwälder Alltag gewährt. Auf halber Höhe zwischen Stadt und Schloss liegt die Kirche St. Georg, die aufgrund ihrer Wandmalereien aus dem 14. Jahrhundert ein sehr bedeutendes Baudenkmal ist. Der Friedhof davor ist ein Ruheort mit Blick über die Stadt.

Aber all das ist oben. Nun soll es um das gehen, was sich unten abspielt. Und das ist ganz wunderbar in der Morgensonne zu erhaschen. Der Moment der Brückenüberquerung in Neuenbürg ist nicht lang, man muss sich auf die Straßenführung konzentrieren, aber dieser kurze Blick sollte jeden Besucher zum Verweilen im Ort motivieren. Die bunten, wie an einer Perlenkette aufgereihten Häuser an der Enz spiegeln sich traumhaft im Wasser, dazu die Nordschwarzwaldhöhen im Hintergrund – ein Hirschbrückentraum an Geranienkästen.

Weiter flussaufwärts gibt es eine kleine Holzbrücke für Fußgänger vom Uferweg rüber zur Flößerstraße. Spaziert man unten durch die Neuenbürger Altstadt, nimmt man zuweilen Sanierungsbedarf wahr. Wenn dann allerdings Fachleute Hand anlegen, wie es beim ältesten Haus der Stadt aus dem15. Jahrhundert in der Marktstraße unweit der Brücke geschehen ist, dann erwachen Schmuckstücke zu neuem Leben. Die Burgstraße und der Kirchplatz liegen ruhig in zweiter Reihe, und vor der heimeligen Fachwerk-Stadtbücherei befindet sich der schöne Kirchplatz-Brunnen der Künstlerin Ursula Stock, nur einen Katzensprung entfernt vom Alten Friedhof oberhalb. Also: aussteigen und alles angucken!

Adresse 75305 Neuenbürg, www.neuenbuerg.de | Anfahrt B 294, in Neuenbürg abfahren, durch den Ort und Richtung Karlsbad/Straubenhard/Keltern über die Brücke; schönere Anreise von oben | Tipp Die katholische Kirche Heilig Kreuz ist ein außergewöhnliches Gotteshaus, das wie eine maurische Festung aussieht (Wildbader Straße 85).

79__Siehdichfür

Bier, Moor, Felsenmeer und ein steinernes Brückle

»Siehdichfür« steht auf dem Ortsschild. Bis man das verstanden hat, ist man auch schon vorbeigefahren. Er mutet sehr merkwürdig an, aber diesen Ortsteilnamen gibt es tatsächlich sechsmal in Deutschland und sogar einmal in Polen. Ein Weiler, der ihn trägt, gehört zu Oberreichenbach. »Vom Siehdichfür« stammen die Biere einer kleinen Brauerei namens Bruderhof Bräu. Sorten wie »Sprittmännle«, »Laisls Lager« oder das saisonale Maibockbier »Kleine Zicke« sind dort zu haben. Das sollte man einmal testen, wenn man in der Gegend ist.

Und sonst? Sehr zu empfehlen ist eine Wanderung durch das Schweinbachtal. Weiter flussaufwärts am Reichenbach trifft man auf das kleine »Steinerne Brückle«, eine gewölbte Brücke aus Sandstein in Trockenbauweise. Sie wurde saniert, damit sie als Kulturdenkmal erhalten bleibt. Sie ist zwar klein, aber dafür ein wirklich schönes Fotomotiv an diesem romantischen Bachlauf. Richtung Oberkollbach kann man zusätzlich noch das Felsenmeer erkunden. Große Buntsandsteinquader liegen hier zum Teil hochkant in der Landschaft verstreut. Sehr beeindruckend.

Nördlich von Siehdichfür liegt Igelsloch – diese Gegend verfügt über ein Konglomerat an lustigen Ortsnamen. Igelsloch hat einen putzigen Igelbrunnen. Der Name der Ortschaft geht aber vermutlich nicht auf das stachelige Tier zurück, sondern auf einen Hirsauer Abt.

Das wunderbare Naturschutzgebiet Waldmoor-Torfstich, auch Würzbacher Moos genannt, liegt etwas südwestlich. Ein Naturlehrpfad mit Trampelwegen führt hinein ins streng geschützte Hochmoor-Biotop. Die Wege zu verlassen und Beeren zu pflücken ist zum Schutz der besonderen Vegetation verboten, sonst »verdappt« man schnell das, was man schützen möchte: baumfreie Wollgras-Torfmoos-Bereiche, staunasse Böden, Kleingewässer, Moorbirken, spezialisierte Kleinstlebensräume, dazu seltene Schmetterlinge, Auerhuhn und Waldschnepfe. Siehdichfür!

Adresse 75394 Oberreichenbach | Anfahrt an der B 296 zwischen Enztal und Nagoldtal auf Höhe Hirsau, Ortsteil Siehdichfür nördlich in Richtung Schömberg über die L 346 erreichbar | Tipp Am südlichen Würzbacher Straßenkreuz liegt das Würzbacher Bauerntheater mit Hirschskulptur vor dem Veranstaltungshallen-Neubau. Geboten werden Theateraufführungen, Tanzveranstaltungen und Konzerte (www.wuerzbacher-bauerntheater.de).

80 Das MFO

Und das MiMa

Es ist manchmal schwer zu glauben, was es im Wald und auf der Heide alles gibt. Doch es ist tatsächlich wahr: Das hier ansässige Forschungsinstitut gilt in der Welt der Mathematik als das renommierteste seiner Art. An diesem Ort tauschen sich internationale Wissenschaftler bei Workshops und Forschungsprogrammen aus. Jährlich kommen rund 2.500 Mathematiker, um zu netzwerken und ihre Kollegen persönlich kennenzulernen. Von wegen mathematische Eigenbrödlerei. Die Arbeitsbedingungen sind ideal, wichtige Ergebnisse werden erarbeitet und veröffentlicht. Das mathematische »Gruppenhaus« kann bis zu 60 Teilnehmer beherbergen.

Die Geschichte des Hauses reicht bis 1944 zuruck. Wilhelm Süss, der Vorsitzende der Deutschen Mathematiker-Vereinigung und Rektor der Universität Freiburg, gründete im Oberwolfacher Ortsteil Walke das damals so genannte »Reichsinstitut für Mathematik«. Zusammen mit dem Mathematiker Heinrich Behnke konnte er dem Institut zu internationaler Anerkennung verhelfen. In den 1960er Jahren kam ein Gästehaus hinzu, später eine Bibliothek, ein Hörsaal und Besprechungsräume. Finanziert wird das Ganze von unterschiedlichen Organisationen, wobei das Institut seit 2005 Mitglied der Leibniz-Gemeinschaft ist. Ein idealer Ort für »mathematische Trainingslager«, jedoch ausschließlich für geladene Gäste, die hier gern ungestört sind. Anderen ist der Zutritt nicht erlaubt.

Besuchen kann man dafür aber das MiMa Oberwolfach, ein Museum für Mineralien und Mathematik mit einer interaktiven Ausstellung, das gerade umgestaltet wird. Es gibt überraschende und spannende Verbindungen beider Welten und einzigartige Mineralien sowie historische Bergbauerzeugnisse aus dem Schwarzwald zu sehen. Die Themen Symmetrie und Kristallografie werden durch Installationen anschaulich dargeboten. Das MFO verantwortet dabei den mathematischen Teil der Ausstellungen, so schließt sich der Kreis.

Adresse Schulstraße 5, 77709 Oberwolfach, www.mima.museum | Anfahrt über die B 33 ins Kinzigtal, dann auf der B 294 von Haslach nach Hausach, weiter nach Wolfach und Oberwolfach Richtung Kniebis | Öffnungszeiten Wiedereröffnung im Sommer 2024, Infos siehe Homepage | Tipp Das Symbol für den Schwarzwald, der Bollenhut, stammt ursprünglich aus den drei Gemeinden Gutach, Wolfach-Kirnbach und Hornberg-Reichenbach etwas weiter südlich. Im Schwarzwälder Freilichtmuseum Vogtsbauernhof kann man mehr darüber erfahren (Vogtsbauernhof 1, www.vogtsbauernhof.de).

81 Das Hügelsofa

Freier Blick auf den Nordschwarzwald

Ja, es befindet sich im Kraichgau, dem Land der 1.000 Hügel, schon klar. Aber auch im Enzkreis, der wiederum zur Region Nordschwarzwald gehört. Man kann ihn zumindest von hier aus sehen. Sogar aus gemütlicher Hügelsofa-Position von einem Aussichtsbalkon aus. Man fühlt sich dort oben wie ein Landesfürst, der den Blick über seine Ländereien schweifen lässt, auch wenn man sich diesen vorher erst erwandern muss. Vor allem im Herbst ist das sehr reizvoll, weil die Farben noch eindrücklicher werden, wenn sich die Sonne bereits etwas senkt. Eine atemberaubende Hügellandschaft breitet sich dann vor einem aus. Direkt unterhalb befinden sich Rebhänge, und eine kleine Schutzhütte gehört mit zum schönen Rastplatz.

Das Hügelsofa lässt sich um 360 Grad drehen, außerdem kann man es kippen. Dieses Geschwungene-Holzliegen-Konzept zieht sich durch den ganzen Schwarzwald. Hier heißen sie Hügelsofas, andernorts Waldsofas, wieder woanders Himmelsliegen. Das liegt an Urheberrechten, Gestaltungskonzepten, Marken und Wiedererkennung. Dem Wanderer ist das egal, denn alle sind gemütlich und an touristisch exponierten Orten platziert.

Ölbronn ist nur einen Katzensprung vom Kloster Maulbronn entfernt, einer UNESCO-Weltkulturerbestätte, die sehr sehenswert ist. Den Besucher erwartet in einem der größten Klöster Europas eine wahre Entdeckungsreise – und eine Zeitreise noch dazu. Um alles Spannende auch wirklich mitzubekommen, sei eine Führung empfohlen. Allein im Klosterhof schlendern kann man danach immer noch. Hier findet man schöne Fassaden und Fachwerkhäuser aus unterschiedlichen Jahrhunderten. Früher schon ging es hier lebhaft zu, und heute tut es das immer noch, bunt und international. Ein Highlight ist das Weihnachtsmarktwochenende im Klosterhof, wenn es an rund 100 festlich geschmückten Ständen herrlich nach Glühwein und Gebackenem riecht, umgeben von historischem Charme.

Adresse Start am Parkplatz am Waldspielplatz, Friedensstraße / Dürrner Straße, 75248 Ölbronn-Dürrn | Anfahrt von Pforzheim auf der B 294 Richtung Bretten, rechts nach Ölbronn-Dürrn abbiegen und Richtung Ölbronn halten, Waldparkplatz rechter Hand | Öffnungszeiten Infos zum Kloster Maulbronn unter www.kloster-maulbronn.de | Tipp Neben dem Hexenturm gibt es auch einen Kräuterladen im Maulbronner Klosterhof mit wunderbar duftenden Kräuter- und Teemischungen und Gewürzen (www.kraeuterhexe-galerie.de).

82 Die Grindenhochfläche

High in der Heide am Steinmäuerle

Am Ende des Mittelalters wuchs die Bevölkerung – Handel und Handwerk blühten. Später prosperierten die Städte, neue Handelswege wurden erschlossen, die Entdecker-Seefahrt verlangte nach immer neuen Schiffen. Das Material für alles und jeden war Holz. Mittels Rodungen wurden dem Wald Flächen für die Landwirtschaft abgerungen, es folgten Auslichtungen für die Beweidung auf den Hochflächen. Alles harte Arbeit, aber im Ergebnis: Kahlschlag.

Die intensive Weidenutzung dieser eiszeitlich überformten Hochlagen auf Buntsandsteinfelsen mit wenig Humusauflage führte zu einer Bodenverdichtung. Die Vegetation veränderte sich, andere Arten siedelten sich an. Bergkiefern, Beerensträucher, Heideland schaften und Moore bildeten sich aus. Im 16. Jahrhundert folgte das erste Mal eine »Holznot«. Man musste die Baustoffe wechseln, stieg auf Stallhaltung in der Viehwirtschaft um und führte die Heumahd ein, Waldbeweidung wurde Mitte des 18. Jahrhunderts verboten. Die später von Ausflüglern so geschätzten offenen Grindenhochflächen drohten irgendwann zu verbuschen. Der Wald begann sich die Flächen zurückzuerobern.

Das Naturschutzgebiet Schliffkopf an der Schwarzwaldhochstraße versucht, die einzigartigen Heideflächen und die besondere, standortabhängige Tier- und Pflanzenvielfalt zu erhalten. Paradoxerweise wieder durch Beweidung. Die moderne Landschaftspflege setzt dazu eine alte, vom Aussterben bedrohte Rasse, die »Schwarzwälder Hinterwäldler«, ein. Schafherden und Ziegen unterstützen sie.

Die Heidelandschaft ist gerade zur Blütezeit Ende Juli besonders reizvoll. Die Region um den Schliffkopf ist ein wunderschöner, oft wenig frequentierter und bereits seit 1938 geschützter Naturraum – das älteste Schutzgebiet auf den Nordschwarzwälder Höhen und Teil des Nationalparks. Die Aussichtsplattform »Steinmäuerle« liegt mittendrin und bietet einen sagenhaften Blick über die bewaldeten Bergzüge bis in die Rheinebene.

Adresse Parkplatz am Schliffkopf, Schwarzwaldhochstraße 1, 72270 Baiersbronn; Steinmäuerle im Gemeindegebiet von 77728 Oppenau | **Anfahrt** über die B 500 zwischen Zuflucht und Ruhestein, etwas südlich vom Wellness- & Nationalpark-Hotel Schliffkopf | **Tipp** Top-Wege durch die Grindenhochflächen sind der Lotharpfad und der Panoramaweg. Der Lotharpfad ist ein Erlebnisweg durch die vom Sturm Lothar geprägte Landschaft, der Panoramaweg ein gemütlicher Erkundungspfad auf Holzstegen.

83__Die Mitte Badens

Unterwegs am Maisacher Grat

Die Mitte Badens – 48°28'36,95" geografische Breite und 8°12'25,42" geografische Länge – ist nur zu Fuß erreichbar, dafür aber auf einem Qualitätswanderweg. Zu sehen gibt es dort nicht viel: eine Bodenplatte mit dem Wappen, eine Standort-, eine Erläuterungs- und eine Willkommenstafel sowie etwas entfernt eine Sitzbank in den badischen Farben.

Zwei Wissenschaftler der Hochschule Karlsruhe bestimmten mit Hilfe moderner Satelliten-Vermessungssysteme diesen Punkt. Er liegt am Ausläufer des Maisacher Grats am Wanderweg Maisacher Turmsteig, der auf etwa 14 Kilometern um das schöne Tal herumführt. Ein Weg für konditionsstarke und trittsichere Wanderer, da einige steile Anstiege zu bewältigen sind. Man wird dafür aber mit vielen schönen Ausblicken belohnt.

Die Tour darf sich sogar mit dem Prädikat »Traumtour« schmücken. Eine unglaublich abwechslungsreiche Landschaft: zunächst der bewaldete Grat, Felsen, dann immer wieder grüne Wiesen, versprenkelt liegende Höfe und bewaldete Höhenzüge. Auch der Untergrund wechselt zwischen schmalen, wurzelüberzogenen Waldwegen und breiteren, manchmal asphaltierten Ziehwegen. Einen Schnapsbrunnen gibt es unterwegs auch, außerdem Picknick-Pavillons, den Aussichtspunkt »3-Turmblick«, einen Brunnen inklusive scherzhaft gemeinter Dusche, Blumen wie den Fingerhut und jede Menge Wald.

Das Highlight dieser Wanderung liegt auf 921 Metern Höhe und ist selbst noch einmal 28 Meter hoch. Der Buchkopfturm hat acht Stockwerke und ist eine moderne sechseckige Konstruktion aus Stahl und heimischer Weißtanne, aus der auch die Außenverkleidung besteht. Eine fotogene »Wuchtbrumme«. Auch der Blick von ganz oben ist nach 140 Treppenstufen sehr beeindruckend. Nach Erreichen dieses höchsten Punktes der Tour geht es hinunter und wieder zurück. Unterwegs bietet sich die Einkehr in der urigen Rechtalhütte an – da findet man bei allerlei Schmankerln die eigene Mitte.

Adresse Wanderparkplatz Turmsteig an der Maisacher Ortsverwaltung, 77728 Oppenau-Maisach | **Anfahrt** Appenweier / Oberkirch auf der B 28 Richtung Oppenau, in Oppenau zunächst Richtung Allerheiligen halten, in die Kniebisstraße abbiegen, dem Schild »Maisach« über die Antogaster / Maisachstraße folgen | **Tipp** In Oppenau liegt das Hotel Café & Restaurant Mühlenglück mit modernem, freundlich-hellem Ambiente, viel Holz und einer großen Außenterrasse im Grünen an der Rench. Über den neuen Spielplatz freuen sich die Kleinen (Schwarzwaldstraße 16, www.muehlenglueck.de).

84 Der Bilder-Wald

Kunst an der Eppinger Linie

Reben, so weit das Auge reicht. Vor allem im Spätherbst ist es schön anzusehen, wenn sich das Laub bunt verfärbt. Ein guter Ausgangspunkt für diese Tour ist der Wanderparkplatz Barackenbuckel unterhalb vom Sauberg. Das sind doch mal schnittige Namen, die im Gedächtnis bleiben. Man spaziert direkt an der Grenzlinie zum nördlich gelegenen Naturpark Stromberg-Heuchelberg leicht aufwärts und passiert die »Zerstörung« von Hinrich Zürn. Man muss sich darauf einlassen, denn das Kunstobjekt erschließt sich einem nicht sofort. Es wirkt wie hingeworfen, in sich verheddert, wurde aber mit Bedacht arrangiert. Ortsschilder und angekohlte Miniatur-Holzhäuser verweisen auf Kriege und Brände, die einst die umliegenden Gemeinden zerstörten. Eine Mahnung zum Erhalt des Friedens.

Im 17. Jahrhundert brandschatzten immer wieder die Truppen des französischen Königs Ludwig XIV. die Dörfer im Kraichgau. Erst Markgraf Ludwig Wilhelm von Baden, wegen seiner kriegerischen Erfolge gegen die Osmanen »Türkenlouis« genannt, drehte den militärischen Wind. Er ließ von Neckargemünd bis Weißenstein Verteidigungsanlagen mit Wällen, Gräben und Palisaden errichten – die sogenannten Eppinger Linien. Diese Bauten kann man bis heute sehen und besichtigen, Geschichte zum Anfassen.

Zum Eppinger-Linien-Weg »Kunst. Natur. Geschichte.« gibt es viele Infos im Internet. Wo früher Tarnen und Täuschen angesagt war, führt heute ein künstlerisch-historischer Wanderweg entlang der Verteidigungslinien. Besonders schön: acht großformatige Bilder im lichten Eichenwald am Sauberg von Hinrich Zürn. Die barocke Rahmung von Thomas Stopp-Ultes glitzert in den Sonnenstrahlen, und die Farben der Gemälde leuchten vor Blattgrün. Unerwartet – wie die militärischen Anlagen. Zu diesen gehört auch die kurz dahinter im Blickfeld erscheinende Chartaque mit spitzen Palisaden. Eine tolle Verbindung von Vergangenheit und Gegenwart.

Adresse Wanderparkplatz Barackenbuckel, 75443 Ötisheim | Anfahrt von Pforzheim auf der B 294 Richtung Bretten, dann rechts nach Ölbronn-Dürrn und weiter nach Ötisheim, südlich vom Bahnhof die Straßenunterführung unter den Gleisen nehmen und über die Ötisheimer Straße zum Wanderparkplatz | Tipp Nicht weit entfernt, in Illingen-Schützingen, genießt man in der »Restauration Zaiß« schwäbisch-regionale Küchenkunst in einem schönen Ambiente (Feldbergweg 9, www.restauration-zaiss.de).

85 Die Naturschule Stromberg

Eine runde Sache

Ein Hingucker und zugleich der Gewinner der Hugo-Häring-Auszeichnung Nordschwarzwald 2008: Die Naturschule sieht aus wie ein Ufo aus Holz, das auf der Wiese am Waldrand gelandet ist. Ein bisschen Arche Noah schwingt auch mit, denn sogar Tiere werden hier versorgt. Der Bau ist im Inneren kreisrund ausgestanzt, und ein heller Innenhof gewährt Zugang zu den Schlafsälen, den Waschräumen und dem Seminarraum.

Hinter dem Projekt steht ein Verein, der dem ganzen Konzept Leben einhaucht: Der ARANEUS e. V. setzt sich für Umweltbildung und Naturerfahrung ein, seit 1994 hat er sich diese Themen neben seinem Engagement für Naturschutz und regionale Bildung auf die Fahnen geschrieben. Die Jugendbildungsstätte ist auch Mitglied im Verband deutscher Schullandheime e.V.

Im »Holz-Ufo« dreht sich alles um Ökologie, regionales Pflanzenverständnis, Gewässererkundung, Streuobstwiesen, Natur- und Kulturlandschaften, Tierschutz und artgerechte Tierhaltung, lokale Produkte, Landschaftspflege, Naturerlebnisse, fachkundige Führungen und Wissensvermittlung – also um die Schönheit, Vielfalt und Bedeutung der hiesigen Natur. Die umliegenden Gemeinden tragen und fördern das Bildungszentrum und die Idee dahinter, um für eine allgemeine Wertschätzung des Weinbaus, des Waldes, der Kulturlandschaften und des Naturschutzes zu sensibilisieren. Den Besuchern seien Touren auf den zahlreichen Wander- und Radwegen ringsum empfohlen.

Geschaffen wurde das Gebäude von Tusker und Ströhle Freie Architekten BDA. Die runde Form wirkt wie eine klar abgegrenzte Insel und ist dennoch durch das verwendete Material und die Gesamtoptik auf beeindruckende Weise mit der Umgebung verbunden. Für die Nutzung als Naturschule bietet das Haus ein in sich schlüssiges und alltagstaugliches Konzept. Es ist also gar kein Ufo, es sieht nur ein wenig so aus – und macht vielleicht Schule.

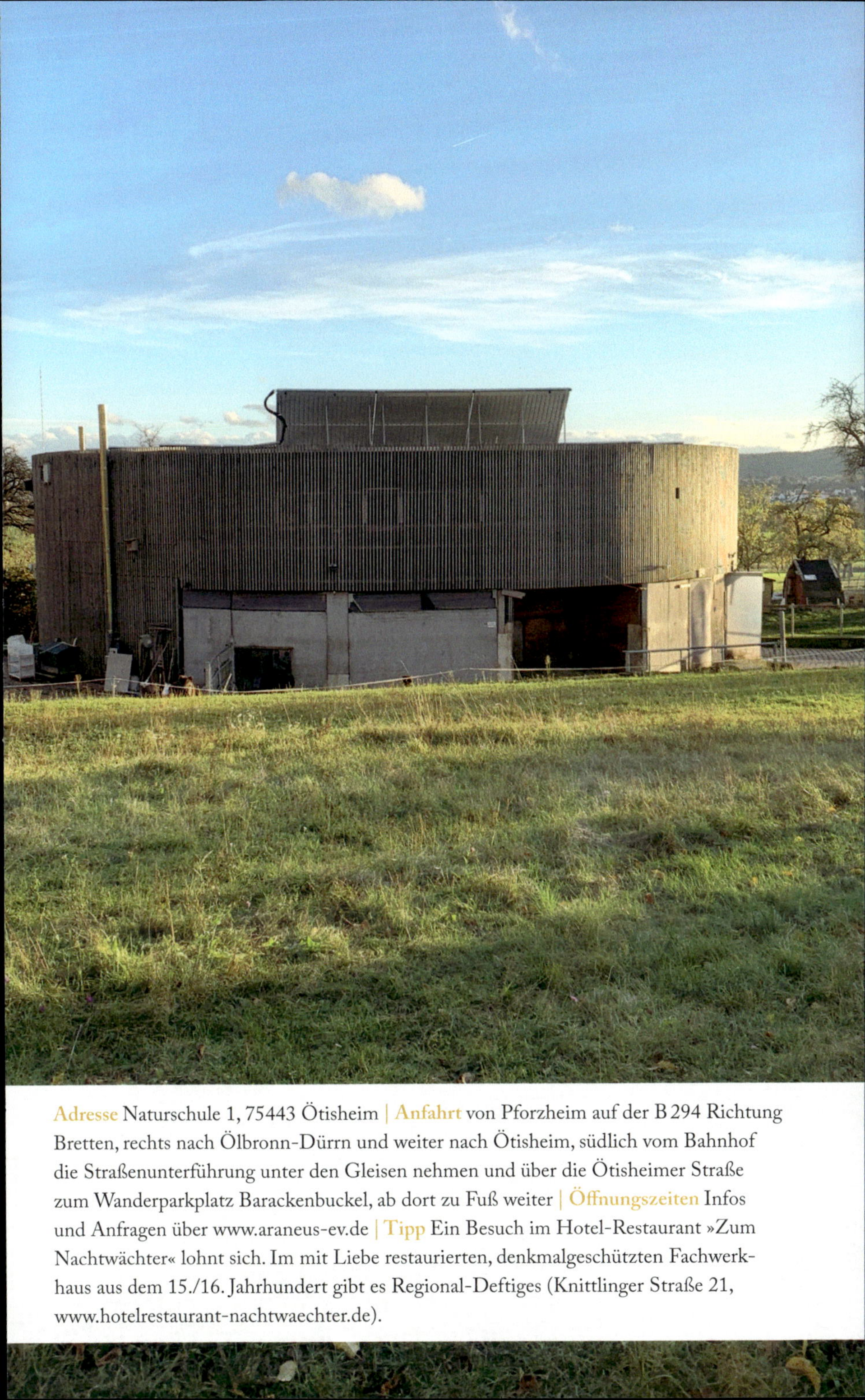

Adresse Naturschule 1, 75443 Ötisheim | Anfahrt von Pforzheim auf der B 294 Richtung Bretten, rechts nach Ölbronn-Dürrn und weiter nach Ötisheim, südlich vom Bahnhof die Straßenunterführung unter den Gleisen nehmen und über die Ötisheimer Straße zum Wanderparkplatz Barackenbuckel, ab dort zu Fuß weiter | Öffnungszeiten Infos und Anfragen über www.araneus-ev.de | Tipp Ein Besuch im Hotel-Restaurant »Zum Nachtwächter« lohnt sich. Im mit Liebe restaurierten, denkmalgeschützten Fachwerkhaus aus dem 15./16. Jahrhundert gibt es Regional-Deftiges (Knittlinger Straße 21, www.hotelrestaurant-nachtwaechter.de).

86 Die Henri-Arnaud-Statue

... und das Waldensermuseum im »Henri-Arnaud-Haus«

Der 1643 im französischen Embrun geborene und 1721 in Schönenberg im Schwarzwald gestorbene Henri Arnaud war ursprünglich Hugenotte, also ein französischer Protestant mit calvinistischem Glauben. Die Hugenotten wurden in Frankreich verfolgt, seine Familie verließ daraufhin das Land und zog in eines der Waldensertäler im Piemont. Arnaud studierte Theologie und wurde Pfarrer der Waldenserkirche. Doch auch diese Glaubensgemeinschaft war im Herzogtum Savoyen nicht vor Verfolgung sicher. Man zwang die Waldenser 1687 trotz anfänglichem Widerstand zur Auswanderung.

Arnaud floh über Genf nach Deutschland, viele andere Waldenser taten es ihm gleich. Dann drehte sich der politische Wind, Bündnisse wechselten, viele kampfbereite Waldenser kehrten mit Henri Arnaud in die Täler bei Turin zurück, um ab August 1689 die »glorieuse rentrée«, einen lange währenden Guerillakampf für Glauben und Ehre, anzutreten. Man scheiterte, und nach erneuter Vertreibung ließen sich die Waldenser in Württemberg, Baden-Durlach und Hessen-Darmstadt nieder. Henri Arnaud war von 1699 bis zu seinem Tod als Pfarrer in Schönenberg tätig.

Zunächst gab es hier nur eine kleine Holzkirche, 1883 wurde der Grundstein für das heutige Gotteshaus gelegt, in dem sich Arnauds Grabplatte und eine lebensgroße Statue von ihm befinden. Genau gegenüber steht ein schmuckes längliches Fachwerkhaus aus dem 18. Jahrhundert. In diesem ehemaligen Pfarrhaus und Wohnsitz von Arnaud ist heute der Sitz der Deutschen Waldenservereinigung. Außerdem ist dort ein kleines Waldensermuseum untergebracht. Erinnerungsstücke, Alltagsgegenstände, Trachten, sakrale Gegenstände und weitere Exponate können besichtigt werden. Ein Film führt in die Geschichte der Waldenser ein. Hinter dem Gebäude liegt der »Garten der Erinnerung«, in dem Grabsteine von Waldenser-Familien aufgestellt wurden.

Adresse Henri-Arnaud-Straße 27, 75443 Ötisheim-Schönenberg, www.waldenser.de | Anfahrt von Pforzheim auf der B 294 Richtung Bretten, rechts nach Ölbronn-Dürrn und weiter nach Ötisheim, südlich vom Bahnhof die Straßenunterführung unter den Gleisen nehmen und über die Ötisheimer Straße bis zur Kirche | Öffnungszeiten Museum: So 14–17 Uhr | Tipp 28 Waldenser-Flüchtlingsfamilien gründeten 1701 den Ort Palmbach. Hier wurde ein kulturhistorischer Geschichtsweg angelegt, eine Station ist das Badische Schulmuseum Karlsruhe.

87 Der Karlsruher Grat

Wo der Schwarzwald alpin ist

Diese Wanderung sucht ihresgleichen im Schwarzwald. Eine alpine Kraxeltour, rein felsige Passagen, ein schmaler Grat. Der ist zwar nur etwa 500 Meter lang, aber man sollte auf diesem Abschnitt trittsicher und schwindelfrei sein.

Die als »kleiner Klettersteig« bezeichnete Route über dem Gottschlägtal ist nicht als Klettersteig ausgebaut, denn es gibt weder Leitern noch Sicherungen oder Drahtseile. Geologisch bildete sich der Grat aus einer einst mit Magma ausgefüllten Felsspalte. Der Granit und der erkaltete Quarzporphyr waren härter als darauf abgelagerte jüngere Gesteinsschichten. Erosion legte im Laufe der Zeit den widerstandsfähigen Porphyr frei.

Die Kletter-Community in Karlsruhe ist seit jeher riesig, es gibt dort fünf Kletterhallen. Die Stadt hat eine der ältesten und mitgliederstärksten Sektionen des Deutschen Alpenvereins. Sie gründete sich 1870 und ist mit über 11.000 Mitgliedern der zweitgrößte Verein in der Fächerstadt. Der Kletterweg am Grat zieht Karlsruher Bergfreunde daher magisch an. Die Gemeinde Ottenhöfen änderte 1926 seinen Namen von »Eichhaldenfirst« zu »Karlsruher Grat« – zu Ehren eines dort verunglückten Karlsruhers. Es sollte wohl auch eine Mahnung sein, denn es war nicht der erste Todesfall dieser Art.

Für Geübte bietet die Route über den Grat jedoch nach wie vor ein wunderbares Erlebnis mit phantastischer Aussicht. Für nicht so sichere Kraxler führt ein Weg durch den Wald. Damit ist die Wanderung für jeden machbar, und der Blick ist es allemal wert. Vom Wanderparkplatz geht man zunächst ein kurzes Stück bis zu den beeindruckenden Edelfrauengrab-Wasserfällen. Es folgen Treppen und kleine Brücken durch die Schlucht des Gottschlägbachs, und man gewinnt stetig an Höhe, bis man den herrlichen Aussichtsfelsen Herrenschrofen erreicht hat. Über das Fautzbachtal steigt man dann später wieder ab.

Adresse Wanderparkplatz Edelfrauengrab-Wasserfälle, 77883 Ottenhöfen | Anfahrt ab Achern über die L 87 nach Ottenhöfen, dort Richtung Schwarzwaldhochstraße, im Ort rechts und den Straßen Hagenbruck und Edelfrauengrab bis zum Wanderparkplatz folgen | Tipp Ebenfalls einzigartig ist die Bergwelt des Schwarzwaldes an den Allerheiligen-Wasserfällen, die in mindestens 7 Kaskaden fast 100 Meter Höhenunterschied überwinden.

88 Die Villa Thiele

Jetzt Bürgerhaus und Tourist-Information

Es kommt selten vor, dass das örtliche Tourismusbüro selbst ein sehenswertes Highlight ist. Seit die Villa Thiele umgebaut, saniert und wieder hübsch hergerichtet wurde, ist das südlich vom Bahnhof liegende Haus in Alleinlage auf grüner Wiese ein echter Hingucker.

Die repräsentative und herrschaftliche Villa des Ottenhöfener Steinbruchbesitzers Ernst Thiele aus dem Jahr 1910 wurde zum Bürgerhaus mit Tourist-Info und Bürgersaal umgebaut. Eine offene Treppe führt hinauf zur Gemeindebücherei mit Kinderspielzimmer und Seminarraum. Gläserne Schautafeln locken bis unters Dach ins ortsgeschichtliche Museum von Ottenhöfen mit archäologischen Funden und Ausstellungsstücken rund um die zerstörte Burg Bosenstein. Diese Burg, auch Hagenbrucker Schloss genannt, lag strategisch günstig auf dem Felssporn am Schlossberg. Es existieren jedoch nur noch Erdwälle und wenige Mauerreste, vor Ort gibt es sonst nichts mehr zu sehen. Sie wurde im Dreißigjährigen Krieg komplett zerstört und später abgebrochen.

Im Tagebau gearbeitet wird heute noch im Steinbruch im Gottschlägtal bei Ottenhöfen, dort befindet sich ein Porphyr-Schotterwerk, womit sich der Kreis zur Villa Thiele wieder schließt. Hier kommt neben leicht marode wirkenden Gebäuden tatsächlich neueste Technik zum Einsatz.

Einen weiteren geschlossenen Kreislauf findet man im Naturerlebnisbad etwas weiter südlich der Tourist-Info, dem Unterwasser bachaufwärts folgend. Schwarzwälder Trinkwasser wird hier durch biologische Regeneration für sommerlichen Badespaß ohne Chlorzusatz genutzt. Das Freibad fügt sich perfekt in die umliegende Landschaft ein, hat ein separates Kleinkinderbecken, einen Sprungfelsen, eine aufregende Rutsche, eine Raftingbahn und einen schönen Wasserfall zu bieten. Der Campingplatz Murhof liegt direkt gegenüber, was die Sache gerade für Familien attraktiv macht.

Adresse Großmatt 15, 77883 Ottenhöfen, www.ottenhoefen.de | Anfahrt ab Achern über die L 87 nach Ottenhöfen, in Bahnhofsnähe parken | Öffnungszeiten Mo–Fr 9–12 Uhr, Mo–Do auch 14.30–16.30 Uhr, Mai–Okt. zusätzlich Fr 14.30–16.30 Uhr und Sa 10–12 Uhr | Tipp Ottenhöfen ist als Mühlendorf bekannt, daher sei der Mühlenweg empfohlen, der die restaurierten Mühlen und idyllischen Seitentäler miteinander verbindet.

89_Die Burg Mandelberg

Ziegenglöckchen an schmaler Wendeltreppe

Man muss schon wissen, wo sie ist, denn nur kleine Hinweisschilder führen durch den hübschen Ortsteil Bösingen zum Wanderparkplatz, der den Zugang zur Burgruine ermöglicht. Eine Schutzhütte mit Grillstelle und Spielwiese befindet sich am Parkplatz. Der eine oder andere Kindergeburtstag ist hier sicher schon grandios gefeiert worden. Man folgt dem Waldweg leicht ansteigend etwa 15 Minuten: Moose, Farne, Pilzgeruch und Stille erwarten einen hier. Und dann taucht sie auf. Den hohen Turm nimmt man als Erstes wahr, danach die Glöckchen der Ziegen, die jeden Gast interessiert beäugen.

Viel ist nicht erhalten geblieben von der Burg Mandelberg, gerade mal die Grundmauern und der Bergfried. Dieser hat es jedoch in sich. Außen führt zunächst eine kurze Wendeltreppe aus Stahl hinauf. Den Rest der 35 Meter bis zur Aussichtsplattform geht es eng, dunkel und knarrend nach oben. Ein bisschen gespenstisch wirkt das Ganze, wenn der Tag schon etwas fortgeschritten ist und langsam die Dämmerung einsetzt. Umso überwältigender ist der Eindruck, wenn man den Aufstieg trotzdem wagt. In der frühen Abendstimmung fühlt man sich wie der Ritter oder das Burgfräulein höchstpersönlich. Von unten hallen die Ziegenglöckchen herauf, man überblickt das Tal der Waldach und schaut über die umliegenden Baumkronen. Gerade das Unspektakuläre macht den Besuch so besonders. Den Abstieg bewältigt man je nach Trittsicherheit vielleicht besser im Rückwärtsgang.

Im Jahr 1287 wurde die Burg erstmals erwähnt, obwohl es schon ein Vorgängermodell gegeben haben muss. Während der Bauernaufstände 1525 muss sie komplett niedergebrannt sein, sie blieb eine Ruine, bis die Gemeinde Pfalzgrafenweiler den Burghof, die Außenmauern und den Bergfried für Besichtigungen wieder herrichtete. Die »Ziegen-Sheriffs« haben alles im Blick, ihnen entgeht nichts. Auf dem Weg zurück verhallen irgendwann ihre Glöckchen im Wald.

Adresse Grillplatz Mandelberg, erreichbar über Haiterbacher Straße, 72285 Pfalzgrafenweiler-Bösingen | **Anfahrt** Pfalzgrafenweiler über die Verbindung zwischen Nagold und Freudenstadt, Bösingen über die L 353 und die Ziegelstraße erreichbar | **Öffnungszeiten** frei zugänglich | **Tipp** In Pfalzgrafenweiler befindet sich ein schönes Freizeitbad für die ganze Familie mit Innen- und Außenbecken. Letzteres ist von Platanen umgeben, und die Schwimmhalle ist hell und freundlich (Panoramaweg 6, www.pfalzgrafenweiler.de).

90 Der Busbahnhof

Ankommen, abfahren oder wegbeamen?

Er ist futuristisch, ungewöhnlich und sehr fotogen. Ja, es handelt sich um einen normalen Busbahnhof. Aber architektonisch betrachtet ist er eben so gar nicht normal.

Pforzheim hat städtebaulich immer wieder größere Aufgaben zu bewältigen, da die Stadt nach immenser Zerstörung im Zweiten Weltkrieg rasch, uneinheitlich und zuweilen verkehrstechnisch unstrukturiert wiederaufgebaut wurde. Im Umfeld des Hauptbahnhofs wurde daher 2012 eine große infrastrukturelle Maßnahme zur Verbesserung der Verkehrsverhältnisse geplant. Doch wie sollte man das Umfeld des Hauptbahnhofs aus den 1950er Jahren gestalten? Dieser war einst von Architekt Helmuth Conradi entworfen worden und ist eines der gelungenen Beispiele von Bauten der Nachkriegszeit in Pforzheim. Letztendlich wurde ein Wettbewerb ausgeschrieben, den das Stuttgarter Architekturbüro Metaraum für sich entscheiden konnte.

So ein Busbahnhof ist ja normalerweise eine rein funktionale Angelegenheit, eine Abfolge von Bussteigen, oft als Anhang des großen Gleis-Bruders. Doch weit gefehlt – nicht hier. Die wuchtigen, strahlend weißen Dachkonstruktionen mit unterschiedlich großen Lochöffnungen über den Fahrspuren überspannen den 180 Meter langen und 45 Meter breiten ZOB sehr prominent. Durch die Öffnungen dringen Sonnenstrahlen in die untere Etage der bebauten Fläche zu den Fahrgästen und schaffen durch das Licht- und Schattenspiel einen faszinierenden Wartebereich. Bei entsprechender Wetterlage blitzt der blaue Himmel durch das strahlende Weiß.

Auf jeden Fall ist dies ein Ort mit Wiedererkennungswert, der ein würdiges Ziel und einen attraktiven Umsteigeplatz darstellt. Unwillkürlich wartet man auf galaktische Bustransporter oder auf Begegnungen der dritten Art. Aber wer weiß schon, wer so alles in Pforzheim ankommt beim eindringlichen Glockengeläut der evangelischen Schloss- und Stiftskirche St. Michael direkt nebenan um 12 Uhr mittags?

Adresse Bahnhofsplatz 1, 75135 Pforzheim, www.pforzheim.de | Anfahrt an der B 294 am Hauptbahnhof | Tipp Gleich gegenüber befinden sich das Kommunale Kino, Reste der historischen Stadtmauer, der Leitgastturm und der kleine Stadtpark. In Lehners Wirtshaus kehrt man gut ein (Schlossberg 16, www.pforzheim.lehners-wirtshaus.de).

91 Die Goldene Pforte

Das Tor zu den Höhenwegen

Vergoldet hat man in Pforzheim bekanntlich schon immer – aber eine Pforte? Sie liegt an der Mündung der Würm in die Nagold. Dort befinden sich ein Verkehrskreisel, eine Bushaltestelle, eine Brücke und das Lokal Kupferhammer mit Biergarten und deftiger Küche. Gegenüber erstrecken sich die Davoswiesen direkt an der Nagold, an deren Ufer entlang man wunderbar in die Stadtmitte spazieren kann. Die Pforte wirkt ein wenig wie die minimalistische Variante eines römischen Triumphbogens, ihre Metallstreifen glitzern in der Sonne.

Wanderer, die sie durchschreiten, haben die Qual der Wahl, denn die Pforte ist Ausgangspunkt von gleich drei Fernwanderwegen von Nord nach Süd durch den gesamten Schwarzwald: dem West-, dem Mittel- und dem Ostweg. Alle drei sind vom Schwarzwaldverein betreute, mehr als 200 Kilometer lange Höhenwege. Der Ostweg führt in zwölf Etappen von Pforzheim nach Schaffhausen, der »Ab durch die Mitte«-Mittelweg in neun Etappen von Pforzheim nach Waldshut, und auf dem mit 285 Kilometern längsten, dem Westweg, gelangt man in elf bis 14 Etappen von Pforzheim nach Basel. Seine rote Raute führt durch alle Landschaftstypen des Schwarzwaldes, nimmt die höchsten Gipfel mit – Hornisgrinde, Schliffkopf, Brend, Feldberg, Herzogenhorn, Belchen und Blauen – und gilt als Klassiker unter den Fernwegen. Zu Recht, denn man feierte im Schwarzwaldverein immerhin schon sein 100-jähriges Jubiläum, und er wurde 2006 als »Qualitätsweg Wanderbares Deutschland« ausgezeichnet. Manche absolvieren ihn als Streckenwanderung mit Übernachtungen in einem Rutsch, andere teilen sich ihn über Jahre hinweg ein.

Wie auch immer: Der Weg ist das Ziel, und der Westweg ist Herausforderung und Mythos zugleich. Es gibt mit »WildWestwegs« von Marco Ruppert sogar einen Dokumentarfilm über diese Wanderroute mit faszinierenden Ein- und Ausblicken für Naturbegeisterte und Schwarzwaldfans.

Adresse Am Kupferhammer, 75181 Pforzheim | Anfahrt B 463 von Pforzheim Richtung Bad Liebenzell bis Kupferhammer | Tipp Das Wanderwegenetz des Schwarzwaldvereins ist schier unendlich. Explizit erwähnt sei der Querweg von Lahr nach Rottweil. Viele weitere Fernwege findet man auf www.schwarzwaldverein.de.

92 Der Hauptfriedhof

Mediterran anmutende Parkkunst

Fährt man auf einer der Hauptstraßen durch Pforzheim, führt der Weg nicht automatisch am Hauptfriedhof vorbei. Er liegt »Auf der Schanz«, einer Anhöhe mit Blick auf die Stadt. Gerade Orte der Andacht und Stille sind oft beeindruckend schön – dieser wurde bereits 1877 angelegt und später zum Hauptfriedhof erweitert, da die Bevölkerung stark wuchs. Das Besondere an ihm war, dass er von Anfang an überkonfessionell konzipiert war. Er ist auch deshalb sehr wichtig für Pforzheim, weil die Anlage einen der wenigen noch erhaltenen kulturellen Schätze Pforzheims aus der Vorkriegszeit darstellt.

Das Kulturdenkmal wurde nach dem Vorbild der aus wilhelminischer Zeit stammenden Gartenarchitektur geschaffen und dient neben seinem eigentlichen Zweck auch der Naherholung. Ist man durch das beeindruckende Hauptportal geschritten, trifft man auf Alleen und ein ausgedehntes Wegenetz, es geht vorbei an Ziersträuchern, altem Baumbestand und gepflegten Gräbern. Die Art und Ausstattung der Gräber spiegelt die bunte Zusammensetzung der Pforzheimer Bevölkerung wider. Man findet aufwendig gestaltete Skulpturen und Gedenksteine, blumengeschmückte Rabatten, Schmiedeeisernes und Hölzernes, Nischen, Lauben, private Sitzplätzchen. Die Parkanlage bietet auch Vögeln und Eichhörnchen diverse Ruhebereiche.

Dem Haupteingang schließt sich der sogenannte »Campo Santo« an, nach wenigen Schritten ist man gefühlt in Italien. Verwaltung, Krematorium und Aussegnungshalle bilden ein L-förmiges, ockerfarben in der Sonne leuchtendes Ensemble, das eine eigens hierfür angelegte Parkfläche umschließt. Man kann durch einen wunderschönen Arkadengang lustwandeln und Raum und Zeit völlig vergessen. Alles ist im Stil florentinisch-venezianischer Renaissance gehalten. Hier fanden zahlreiche historische Grabmäler ihren Platz, und hier findet man Ruhe und Gelegenheit zur inneren Einkehr – ein außergewöhnlicher Ort.

Adresse Ispringer Straße 42, 75177 Pforzheim | Anfahrt über A 8 und B 10, auf der Wilferdinger Höhe in die Hachelallee, Friedhof ausgeschildert | Öffnungszeiten täglich 8–18 Uhr | Tipp An der Hachelallee befinden sich die Hachelanlage und der Hachelturm, ein Aussichtsturm von 1904. Beide bieten sehr schöne Ausblicke auf Pforzheim.

93__Das Kollmar & Jourdan Haus

So oder so ein Schmuckstück

Das Kollmar & Jourdan Haus beherbergt heute unter anderem das Technische Museum der lokalen Schmuck- und Uhrenindustrie, die Pforzheim Galerie mit regionaler Kunst und die Carlo-Schmid-Schule mit umfangreichem Bildungsangebot. Eine bunte Mischung. Errichtet wurde das denkmalgeschützte Fabrikgebäude zwischen 1901 und 1910 nach Entwürfen des Architekturbüros Herman Walder. Die grün schillernden glasierten Klinkerziegel erinnern an Fabrikgebäude in Irland, an lang vergangene glorreiche Tage des Industriezeitalters in Jugendstil-Optik. Das Gebäude sieht einfach umwerfend gut aus.

Das Technische Museum wurde vor dem Hintergrund vieler schließender Schmuckfabriken ins Leben gerufen, um dieses über Jahrzehnte die Stadt prägende Kulturgut für die nächsten Generationen zu erhalten, damit die Goldstadt weiter glänzen kann. Produktionsschritte und Maschinen aus unterschiedlichen Epochen der Schmuck- und Uhrenproduktion werden gezeigt. Die Pforzheim Galerie präsentiert regionale, mit dem Nordschwarzwald in Verbindung stehende Werke vor allem jüngerer Künstler zu unterschiedlichen Themen in Wechselausstellungen. Und wer war eigentlich Carlo Schmid? Er wurde 1896 in Perpignan geboren und steht für Vielfalt und Toleranz. Er war Jurist, Mitbegründer des Internationalen Bundes, wirkte am Grundgesetz der Bundesrepublik Deutschland mit und war eine treibende Kraft des Deutsch-Französischen Jugendwerks.

In Pforzheim geht es oft multikulturell zu, und so bilden sich interessante Mischungen im Stadtgebiet. Der bogenartige Fußgängerübergang des Kollmar & Jourdan Hauses führt zum Gebäudeteil Bleichstraße 77. Im Erdgeschoss befindet sich das Sportcenter Black Cobra, direkt unter den figürlichen Schmuckmedaillons aus Keramik, die die fünf Erdteile symbolisieren. Ein schönes Symbol für das vielfältige Leben in dieser Stadt.

Adresse Bleichstraße 81, 75173 Pforzheim, www.kj-pforzheim.de | **Anfahrt** von der B 463 in die Bleichstraße | **Öffnungszeiten** täglich 6–21 Uhr | **Tipp** Die Bäckerei Adria in der Bleichstraße 72 ist ein Stück authentisches Pforzheimer Multikulti zum Anbeißen mit Burek und Brezeln im Angebot.

94__Der Metzelgraben

Zwischen Italien-Feeling und »blackforestwave«

Im Mittelalter durchzogen zahlreiche Kanäle die tiefer gelegenen Ortsteile von Pforzheim. Der Metzelgraben ist der letzte verbliebene. Auf Höhe des Veranstaltungshauses Kupferdächle wird er aus der Nagold abgeleitet und fließt dann durch den Stadtgarten. Kurz darauf trifft das Wasser des Kanals auf eine Konstruktion, die es auf eine sehr moderne Art ermöglicht, mitten in der Stadt Wassersport zu betreiben: die »blackforestwave«, eine Anlage, die eine stehende Surfwelle im Metzelgraben erzeugt.

Diese Attraktion wurde durch eine Maschinenbau-Projektarbeit der beiden Gründer an der Hochschule Pforzheim initiiert. Sie entwickelten ihre erste Idee über Jahre hinweg weiter, bis die für Fische passierbare Anlage mit einer stufenlos regulierbaren, künstlich erzeugten Welle perfektioniert war. Betrieben wird die »blackforestwave« durch einen Verein gleichen Namens, an den man sich wenden kann, wenn man hier auch mal surfen möchte. Auch Zuschauen lohnt sich! Außerhalb der Betriebszeiten wird die gesamte Konstruktion abgesenkt, sodass das Wasser des Kanals ungehindert fließen kann.

Weiter fließt das Wasser an der Kallhardtstraße, der Dr.-Brandenburg-Straße und der Werderstraße entlang und passiert unterdessen das Schmuckmuseum, bis der Kanal in die Enz mündet. Nördlich der Werderbrücke wird es ab dem Goldschmiedeschulplatz deutlich städtischer, jedoch mit italienischem »Canale-Touch«. Diverse Stege führen über den Kanal zu Hauseingängen, Plätze und Bäume flankieren ihn, und die Wäsche flattert auf den Balkonen.

Kurz vor der Mündung in die Enz beeindruckt die zeitgenössisch gestaltete Herz-Jesu-Kirche des Stuttgarter Architekten Paul Linder (1890–1976). Er nutzte den annähernd quadratischen Platz für einen auffälligen elliptischen Kirchenbau mit außergewöhnlicher Kuppel, Turm und Chor-Anbauten. Mit der Spiegelung im Metzelgraben ein herrlicher Anblick.

Adresse Kallhardtstraße 31, 75137 Pforzheim, www.blackforestwave.de; Herz-Jesu-Kirche, Jörg-Ratgeb-Straße 7, 75172 Pforzheim | Anfahrt B 463, auf der Bleichstraße Richtung Stadtgarten, über die Rabenstraße in die Kallhardtstraße und dort parken, von der blackforestwave am Metzelgraben entlang zu Fuß weiter zur Kirche | Tipp Der 3,5 Kilometer lange Goldstadt-Uferweg zeigt Pforzheims Reichtum an Wasserläufen, gespickt mit vielen touristischen Highlights.

95 Der Monte Scherbelino

Ein Kosename für Schutt und Asche

Der Wallberg war schon immer eine Erhebung bei Pforzheim, aber nach dem Zweiten Weltkrieg wuchs er deutlich. Man stockte ihn mit 1.650.000 Quadratmetern Schutt aus der Stadt auf. Vorher hatte er eine Höhe von 378 Metern, nun sind es 418 Meter, und der Berg trägt den Kosenamen Monte Scherbelino.

Pforzheim wurde in diesem Krieg fast komplett dem Erdboden gleichgemacht. Der Luftangriff auf die Stadt am 23. Februar 1945 war nach Hamburg und Dresden der mit den meisten Opfern. In nur 22 Minuten wurden von 379 Fliegern Bomben auf die Stadt abgeworfen, über ein Fünftel der Bevölkerung starb im Bombenhagel, mehr als in jeder anderen Stadt im Deutschland jener Tage. Krieg ist bitter, und die Alliierten flogen gezielt Angriffe, um Flächenbrände zu verursachen und um den Kriegswillen der Bevölkerung zu brechen.

Die Goldstadt Pforzheim hatte einst mit einer eng bebauten Altstadt mit vielen Fachwerkhäusern geglänzt, die beim Angriff brannten wie Zunder. Kaum zu glauben, aber 98 Prozent des Pforzheimer Innenstadtgebiets waren nach diesen 22 Minuten in Schutt und Asche gelegt. Viele Menschen versuchten, sich durch einen Sprung in die Enz oder Nagold vor der Feuersbrunst zu retten, was zu zahlreichen Todesfällen durch Ertrinken führte. Überlebende kamen in Gartenhäusern in den Außenbezirken der Stadt oder in umliegenden Gemeinden unter. Über Jahre hinweg lebte rund um den Marktplatz niemand mehr. Das muss man wissen, wenn man sich über Pforzheim ein Urteil erlauben möchte. Es gab nichts zu restaurieren. Alles musste neu aufgebaut werden. Deshalb findet man hier so viele Bauwerke im Stil der 1950er bis 1970er Jahre.

Seit 2005/2006 wurde der Wallberg zum Mahnmal ausgebaut. Fünf Stelen mahnen zum Frieden und erinnern an den Wiederaufbau, jeweils auf der Vorder- und Rückseite mit Motiven von vor und nach der Zerstörung vom 23. Februar 1945 versehen. Eine Aussicht mit Nachhall.

Adresse Wallberg, 75179 Pforzheim | Anfahrt A 8, Ausfahrt Pforzheim-West, dann weiter auf der B 10, kurz vor der Wilferdinger Höhe in die Straße Kurzer Steig, dann in die Wallbergallee und weiter hinauf zum Parkplatz Auf der Wanne | Tipp Südlich vom Wallberg befinden sich schöne Wohnhäuser und eine Aussichtshütte mit Blick auf Brötzingen, nördlich warten jede Menge Shopping-Gelegenheiten im Industriegebiet auf Kunden.

96__Die Matthäuskirche

Bunte Glasbaustein-Magie

Erhaben, aber etwas schüchtern fügt sich die Matthäuskirche am westlichen Stadtrand von Pforzheim ein. Ist man nicht informiert, dann könnte man bei ihrem Anblick glauben, dass bei ihrem Bau das Material und die Farbe ausgegangen sind. Jedoch stechen sofort die unzähligen Wabenfenster-Elemente im sonst grauen und schlichten Sichtbeton ins Auge. Das wirkt technisch, geradezu schmucklos in der Schmuckstadt. Der Architekt Egon Eiermann bewies bei seinem Entwurf und bei der Umsetzung zwischen 1951 und 1953 – unter Mitwirkung von Helmut Striffler – viel Mut, indem er dieses beeindruckende Werk der Nachkriegsmoderne schuf.

Die Schönheit dieser Kirche eröffnet sich in ihrem Inneren. Bei Sonnenschein erstrahlt der Raum in einem sakralen Licht. Die über 2.000 quadratischen Waben sehen aus wie einfarbige Bullaugen – schützend, transparent, das Licht der Welt einlassend. Die Formsteine mit Dallglas variieren in ihrer Farbigkeit und erzeugen ein buntes Glimmern. Die Atmosphäre ist unbeschreiblich.

Pforzheimer Trümmerschutt wurde für die Herstellung der Waben und der Betonformsteine genutzt. Die Kirche von Egon Eiermann sollte ein Sinnbild für bewusstes Weiterleben nach der enormen Zerstörung im Zweiten Weltkrieg darstellen. Nachhaltigkeit im Material und im Geist sozusagen. Die Färbung der Wabenfenster wurde vom Designer Hans Theo Baumann gestaltet, das Ergebnis umhüllt den Kirchenbesucher warmherzig, freundlich, faszinierend.

Egon Eiermann wurde bekannt durch den Bau der Berliner Gedächtniskirche, aber vor allem durch klare Linien im Industrie- und Möbelbau. Als Architekt prägte er eine ganze Design-Generation – kaum ein kreativer Haushalt, in den das Tischgestell von Eiermann nicht Einzug hielt. Für ihn stand gestalterisch immer eine Zweckbau-Ästhetik im Vordergrund, nicht der künstlerische Gedanke. Die bunte Glasbaustein-Magie der Matthäuskirche erfüllt ihren Zweck zweifellos.

Adresse Oosstraße 1, 75179 Pforzheim-Arlinger, www.matthaeusgemeinde-pforzheim.de | Anfahrt über die B 294, dann über Arlingerstraße, Feldbergstraße und Hohlohstraße in die Oosstraße | Öffnungszeiten an Werktagen 8–13 Uhr | Tipp Das Wohn- und Atelierhaus von Egon Eiermann befindet sich am Baden-Badener Krippenhof, das Tischgestell bekommt man in der Egon-Eiermann-Allee 12 in Karlsruhe bei der Adam Wieland GmbH & Co. KG.

97_Das Karussell und der Turm

Nostalgie aus Stahl

Der Weg nach Büchenbronn führt über den Pforzheimer Sonnenberg. Man gewinnt hier kurz hinter der Pforzheimer Innenstadt zügig an Höhe und macht sich auf in den Schwarzwald. Noch innerhalb der Stadtgrenze ist man schon mittendrin. Man lässt Büchenbronn hinter sich, dann folgt ein kurzer Blick über das Nagoldtal, und schon sieht man das Schild, das den Weg zum Herrmannsee weist.

»Boomer« fühlen sich bei diesem Ausflug ein bisschen zurück in die Kindheit versetzt. Ein Wildgehege, ein großer Hotel-Restaurantgarten unter alten Bäumen, ein Jägerzaun, ein Ententeich mit Insel, ein Ruderbootverleih und ein Mini-Kettenkarussell wie aus Kindertagen mit Münzeinwurf warten auf Gäste. Zwei Karussellsitze, ein weißes und ein braunes Pferdchen, in der Mitte eine blau lackierte Drehstange und eine Plane in Zirkusfarben als Dach. Da geht einem das Herz auf! Das Hotel-Restaurant wird natürlich immer mal wieder dem modernen Schwarzwaldstil angepasst, aber vielleicht gelingt es, das Karussell auch weiterhin zu erhalten. Es erzeugt wohlige Nostalgie, wirkt wie aus der Zeit gefallen.

Von hier aus bietet sich der Aufstieg zur Büchenbronner Höhe und zum dortigen Aussichtsturm an. Es ist mit 608,8 Metern Pforzheims höchster Punkt. Der 1884 eingeweihte, fast schon zart wirkende 26 Meter hohe Büchenbronner Aussichtsturm ist mit seiner filigranen Stahlkonstruktion einer der ältesten seiner Art weltweit. Zum Vergleich: Der Eiffelturm wurde 1887 bis 1889 aus Eisenfachwerk konstruiert. Tja, da genoss man auf der Büchenbronner Höhe schon längst die Aussicht. Zugegeben: Der Eiffelturm ist rund 300 Meter höher und wiegt über 10.000 Tonnen. Der Pforzheimer Turm hat dafür durch seine rote Farbe Leuchtturm-Qualitäten und bietet einen einmaligen Blick auf die Goldstadt. Und danach geht es schnell zurück zu Speis und Trank mit Nostalgie am Herrmannsee … schee!

Adresse Hotel Restaurant Herrmannsee, Herrmannseeweg 5d, 75180 Pforzheim-Büchenbronn, www.hotel-herrmannsee.de | Anfahrt über die B 294, in Brötzingen auf die Habermehlstraße und auf der Büchenbronner Straße bis Büchenbronn, nach dem Ort rechts zum Herrmannsee abbiegen, Wanderweg zum Turm ausgeschildert | Tipp Am Rand von Büchenbronn liegt der Wagyu-und-Angus-Hof, bei dem man regionales, hochwertiges und artgerecht erzeugtes Fleisch erwerben kann (Grunbacher Straße 101, www.wagyu-angus.de, Fr 15–18 Uhr).

98 Die Via Rheni

... und die Aussicht auf Flauschiges

An der Ecke Römerstraße und Kaulbachstraße genießt man einen einzigartigen Weitblick über Pforzheim – so wie einst schon die Römer. Pforzheim entstand vermutlich vor rund 2.000 Jahren als römische Siedlung an der Furt über die Enz und lag an der wichtigen Militär- und Handelsstraße von Straßburg über Ettlingen, Busenbach und Keltern nach Cannstatt. Blickt man von hier oben Richtung Enz und Pforzheimer Bahnhof, dann befindet sich genau auf dieser imaginären Linie das Archäologische Museum am Kappelhof, wo man unterirdisch die Grundmauern römischer Wohngebäude entdeckt hat. Weil an jener Stelle oberirdisch lange Zeit ein Biergarten war, blieb darunter vieles erhalten. Erst beim Bauaushub für ein Wohnheim fand man die archäologische Sensation. Statt einer Tiefgarage entstand dann der unterirdische Museumsort.

Folgt man der Kaulbachstraße weiter östlich über das Kanzlersträßle, geht es unweit des Aussichtspunktes an der Römerstraße in den Kanzlerwald hinein. Man trifft dort auf freigelegte und restaurierte Fundamente eines römischen Gutshofs (villa rustica), eines Badehauses und eines Wirtschaftsgebäudes. Man kam also von weit her, um hier in der weitläufigen Landschaft zu siedeln.

Von weit her kommen auch die neuesten Bewohner hier oben. Die Heimat der Alpakas ist eigentlich die Andenregion: Chile, Peru und Bolivien. Jetzt ist es für eine ganze Herde das Hofgut Buckenberg, ein ökologisch und nach Demeter-Richtlinien bewirtschafteter Aussiedlerhof des Heckengäus, dessen Geschichte bis in das Jahr 1749 zurückreicht. Die kuscheligen, sanftmütigen Alpakas kann man bei geführten Wanderungen hautnah erleben. Sie sind auch auf den Weiden des Hofs anzutreffen, der einmal im Monat zur Besichtigung geöffnet wird, wobei die Besucher unter Anleitung auch die Alpakas füttern dürfen. Gelegentlich finden hier auch Veranstaltungen zum Thema Kunsthandwerk und Deko statt.

Adresse Aussichtspunkt Ecke Römerstraße, Kaulbachstraße, 75175 Pforzheim-Buckenberg | Anfahrt B 294, vom Bahnhof den Schlossberg runter und über die Enz, die St. Georgensteige hoch in die Würmberger Straße, dann in die Römerstraße abbiegen | Öffnungszeiten Infos zum Hofgut Buckenberg unter www.hofgut-buckenberg.com; Archäologisches Museum: So 10–17 Uhr | Tipp Der Wildpark Pforzheim mit Wildtiergehegen, Waldklettergarten und Spielplatz liegt auf derselben Hangseite und zählt zu den schönsten in Deutschland (Tiefenbronnerstraße 100).

99__Die Bogenbrücke

Darum sollte man keinen Bogen machen

Fährt man von Pforzheim auf der B 463 Richtung Bad Liebenzell, kann man definitiv keinen Bogen um die Brücke machen. Man kann aber dem Bogen der Enz folgen und unter ihr hindurchfahren. Nur die Bahnlinie sucht sich unter dem Berg der Burgruine Kräheneck einen anderen Weg.

Man sollte hier unbedingt haltmachen. Erbaut wurde die Bogenbrücke zwischen 1853 und 1856 unter der Leitung von Julius Naeher. Für den Bau der Nagoldstraße wurde ein Felsensattel durchbrochen, die Nagold begradigt, die hintere Talschleife trockengelegt, ein sechs Meter hoher Wasserfall mit Floßkanal geschaffen und schließlich die Bogenbrücke aus rotem Sandstein gebaut, ein Kraftakt. Im Hinteren Tal ist vom Fluss nur ein Feuchtgebiet geblieben, der einstige Enzbogen blieb jedoch im Fels und in der Landschaft erkennbar. Der große Bogen der Brücke überspannt den Flusslauf, ein kleiner, einem Stadttor ähnelnder Bogen die Straße. Von der Bundesstraße aus führen von beiden Seiten Treppen zur Brücke hoch. Von hüben nach drüben ist es ganz schön schmal, denn als Fußgänger muss man sich mitunter an die niedrige Seitenmauer drücken, wenn ein Auto kommt. Gegenverkehr muss warten.

Touristisch ist hier viel geboten: vor der Brücke das Nagoldfreibad direkt am Fluss mit 50-Meter-Becken, Planschbecken und Rutsche, das Restaurant Goldener Anker mit schönem Biergarten hüben, das Restaurant Rabeneck drüben, die Jugendherberge in der Burg Rabeneck. Dazu gibt es die Möglichkeit, gleich drei Burgen zu erwandern: Die Burgen Hoheneck, Kräheneck und Rabeneck liegen auf einem 5,3 Kilometer langen Rundweg, dem Drei-Burgen-Weg. Im einst aus den Dörfern Dillstein und Weißenstein entstandenen Ort findet man zudem zwei der ältesten Häuser Pforzheims aus der Mitte des 15. Jahrhunderts, eine ehemalige Papierfabrik und zwei prächtige Fabrikanten-Villen. Die Liste der Baudenkmäler ist lang.

Adresse Brückenstraße, 75180 Pforzheim-Dillweißenstein | **Anfahrt** von Pforzheim auf der B 463 Richtung Bad Liebenzell, Brücke überspannt die Straße, Parkmöglichkeiten kurz hinter der Brücke | **Tipp** An der B 463, in der Hirsauer Straße 87, steht das Dillsteiner Türmle, ein schmaler Uhr- und Glockenturm, der einst als Nachtwächterstube und Arrestzelle genutzt wurde. Er stammt aus dem Jahr 1821.

100 Auf dem Berg

Skulpturen zwischen Würm und Wolfsgrube

»Auf dem Berg« ist ein Straßenname, ein Wohngebiet, eine einstige Künstler- und Villenkolonie mit Blick auf den Pforzheimer Stadtteil Würm und einen Teil des Würmer Skulpturenwegs. Sonntags zwischen Ostern und Oktober wird im Gärtnereigarten der ehemaligen Schauanlage »Alpengarten« das Café Flora betrieben. Anfang des letzten Jahrhunderts war es in Mode, Künstlerkolonien zu gründen. Lebensreformer, Kunstschaffende und Anhänger naturverbundener Bewegungen schlossen sich in Siedlungen zusammen. Einige Häuser stammen noch aus dieser Epoche, und auch heute leben und arbeiten Künstler »Auf dem Berg«.

Im Jahr 1263 fand das Dorf Würm erstmals Erwähnung, und zur 750-Jahr-Feier 2013 konzipierte man einen Skulpturenspaziergang. Besucher sind eingeladen, 14 Skulpturen auf einem 3,5 Kilometer langen Rundweg zu bestaunen. Ulrich Kollmar, der mit dem Ortsteil durch seinen Großvater, den Bildhauer Prof. Adolf Sautter, eng verbunden ist, stiftete unter anderem die Bronzebüste auf der »Ulrich-Kollmar-Kanzel« aus dem umfassenden Werk seines Großvaters. Dem Bundesverdienstkreuzträger Ulrich Kollmar wurde mit der Benennung der Kanzel für seine maßgebliche Unterstützung bei der Erschließung des Wohngebietes Auf dem Berg und für sein ehrenamtliches Engagement gedankt.

Erlebnisfreudigen Wanderern sei von hier aus eine Runde durch das Lettenbachtal und das Felsenmeer bis zur Wolfsgrube empfohlen. Zur 3,5 Meter tiefen, gemauerten Grube wurden im 17. und 18. Jahrhundert Wölfe mit Ködern gelockt, die dann durch die darüber gelegte Reisigschicht einbrachen. Man umfasste die Grube trickreich mit einem kleinen Zaun, sodass die Wölfe nicht vorsichtig schleichen konnten, sondern springen mussten. Eine Flucht war unmöglich, die Tiere wurden damals systematisch ausgerottet. Die Inschrift auf dem nahen Bismarckstein von 1907 klingt sehr viel naturverbundener: »Sei gegrüßt, du schöner Wald …«

Adresse Auf dem Berg, 75181 Pforzheim-Würm, www.pforzheim.de | Anfahrt von Pforzheim auf der B 463, dann auf der Würmtalstraße bis kurz vor Würm fahren, über eine scharfe Spitzkehre von der Hauptstraße in den Ortsteil Auf dem Berg | Tipp Neben der Bushaltestelle befindet sich eine Infotafel zum Thema Bergbau im Würmtal. Außerdem hat der Stadtteil Würm eine ganze Reihe an schönen Fachwerkhäusern und historischen Bauten wie das Alte Kurhotel – heute Eventlocation – zu bieten.

101 Das Kloster Wittichen

Früher lebten Klarissen an der Kleinen Kinzig

Auf dem Weg von Schenkenzell nach Freudenstadt geht es entlang der Kleinen Kinzig kurvenreich zu. Im Vortal nimmt man die erste Abzweigung links und folgt dem Klosterbach. Die Straße ist eine Sackgasse und führt tief in den Schwarzwald hinein. Dann taucht das Kloster direkt vor einem auf. Man erkennt mehrere Torbögen in einem Gebäuderiegel, durch einen von ihnen verläuft die Straße. Man fährt auf ein historisches Fachwerkhaus zu, den ehemaligen Klosterstall. Hier werden liturgische Geräte, Messgewänder, Werkzeuge, Brauchtumsgegenstände und eine Gesteins- und Mineraliensammlung gezeigt.

Das ehemalige Kloster Wittichen ist noch immer eine Oase der Ruhe. Sehr beeindruckend ist die barocke Klosterkirche. Sie ist nicht überladen, verfügt aber über schöne figurale Details. Besonders heimelig und in der Raumwirkung einzigartig ist die Holzdecke mit Ornamenten und Malereien. Auch die hölzerne Empore und die Orgel sind ein Blickfang. Es ist ein besonderer Pilgerort.

Luitgard von Wittichen gründete 1324 mit 33 anderen Glaubensschwestern eine Klause am Zulauf der Kleinen Kinzig, später wurde diese durch Papst Johannes XXII. als Kloster anerkannt. 1330 wurde die Klosterkirche geweiht. Luitgard galt als sehr barmherzig. Der Überlieferung nach sollen nicht nur Wunder an ihrem Grab passiert sein. Bei einer Sargöffnung fast drei Jahrhunderte nach ihrem Tod stellte man fest, dass ihr Gehirn völlig unversehrt geblieben war. Da die Naturwissenschaften keine Erklärung liefern konnten, musste es sich um ein Wunder handeln. Gläubige pilgerten fortan hierher.

Zeitweilig verfügte die Ordensgemeinschaft über einen erheblichen Immobilienbesitz, von den Gebäuden sind jedoch nach der Säkularisation 1803 nur noch wenige übrig geblieben. Der lange Äbtissinnenbau, der ehemalige Klosterstall, die Klosterkirche, das Gruppenhaus Klösterle und der Friedhof sind die verbliebenen Zeitzeugen.

Adresse Vorder-Wittichen 137, 77773 Schenkenzell | **Anfahrt** auf der B 462 oder B 294 bis Schenkenzell, auf der L 405 Richtung Freudenstadt, links zum Kloster Wittichen abbiegen | **Tipp** Ein Ausflug zur Ruine Schenkenburg etwas südlich von Schenkenzell ist lohnenswert und geschichtsträchtig. Unterhalb liegt das Freibad Schenkenzell mit sensationellem Blick auf die Burgruine.

102 Der Martinshof

Ein Gasthof tief im Schwarzwald

Hier steppt wahrlich nicht der Bär, hier sagen sich eher Fuchs und Hase gute Nacht. Aber das ist auch in Ordnung so, denn das macht den Schwarzwald ja eigentlich auch aus.

Auf dem Weg zum Martinshof passiert man im Vortal an der Kleinen Kinzig das ehemalige Gasthaus zur Linde. Dort scheint die Zeit stehen geblieben zu sein. Das Gehöft in der Kurve hat verblichenen Charme. Schenkenzeller Liebhaber haben es vor dem Verfall bewahrt und das Gasthaus als Veranstaltungshaus wieder hergerichtet. Man kann unterschiedlich große Räumlichkeiten für private Feiern mieten.

Dann geht es weiter nach Kaltbrunn. Früher zog man wegen des Bergbaus in diese Gegend, sogar Tiroler kamen im 18. und 19. Jahrhundert nach Kaltbrunn-Wittichen. In der Talmitte von Kaltbrunn erwartet den Reisenden ein malerisches Szenario. Der Wiesengrund weitet sich, eine kleine Brücke führt über den Kaltbrunner Bach. Dahinter steht die hübsche kleine Friedhofskapelle, nebenan befindet sich der dörfliche Friedhof, und in Blickweite etwas oberhalb thront der Martinshof mit dem großen Namensschriftzug und den leuchtend roten Fensterläden vor weißer Holzfassade aus Schindeln. Eine Bilderbuchkulisse.

»Wo das Tal endet und der Genuss beginnt«, so lautet das Motto der familiär geführten Gastronomie im Martinshof. 200 Jahre Tradition, deftige Hausmannskost, hausgemachte Kuchen, Schwarzwälder Kirschtorte, regionale Klassiker. Die Terrasse lässt idyllisch über das stille Tal blicken, und die mit Bergmann-Utensilien und einer Mineralienvitrine geschmückte Gaststube ist gemütlich. Ein Aha-Erlebnis ist der Gang zum WC. Dabei trifft man auf lebensgroße Fotowände eines jungen Paares in wunderschöner hiesiger Hochzeitstracht – sehr sehenswert. Und hinterher hat man die Chance, in die sympathisch lächelnden Gesichter genau dieser Fotomodelle zu blicken – eine Freude!

Adresse Martinshof 46, 77773 Schenkenzell-Kaltbrunn, www.gasthof-martinshof.de | Anfahrt auf der B 462 oder B 294 bis Schenkenzell, auf der L 405 Richtung Freudenstadt, links nach Kaltbrunn | Öffnungszeiten Ostern–Okt. Mi–Sa 11.30–20 Uhr, So 11.30–19.30 Uhr, im Winter Mi geschlossen | Tipp Ein weiterer Einkehrstopp mit Blockhaus-Charme an der L 405 auf dem Weg nach Loßburg/Freudenstadt ist die Tannen-Stub (Ödenwald 12, www.tannen-stub.de).

103 Der Waldflug-Turm

Varianten des Himmelsglücks

Touristische Turmerlebnisse sind gerade in Mode. Es ist schon imposant, aus 50 Metern Höhe die weite Schwarzwälder Landschaft zu betrachten. Die Türme sind große Bauprojekte, werbewirksam, aber mit sicherheitstechnischen Herausforderungen.

Ein noch junges Zugpferd im touristischen Konkurrenzgerangel ist der Aussichtsturm Himmelsglück. In Schömberg weiß man, dass Familienausflüge oft ein Spagat zwischen unterschiedlichen Wünschen sind: Ruhe suchende Erwachsene und actionfreudige Kids, und Oma und Opa sollen auch noch mit und Freude haben. Da ist der Turm optimal, denn er kann quasi alles, und sogar der Hund kann mitgenommen werden. Am Fuß des Turms wurde eine Hunde-Wartehütte gebaut.

Man versucht, eine Balance für alle Interessen hinzubekommen. Barrierefreiheit wurde auch bedacht, es gibt einen Fahrstuhl und eine großzügige Aussichtsterrasse mit Rundumblick und Sichtfenstern in Rollstuhl-Sitzhöhe. Auf den über 300 Stufen bis hinauf können sich Bewegungsfreudige austoben.

Während es also zwei Möglichkeiten gibt, um hinauf zu gelangen, kommt man auf vier verschiedene Arten wieder hinunter: mit Treppe oder Fahrstuhl, mit dem »Blackforest Flying Fox« oder der »Blackforest Flyline«. Der Flying Fox ist eine Zipline, an der man mit dem Kopf voraus mit Helm und an Gurten befestigt in Bauchlage mit etwa 60 Stundenkilometern gen Landeplatz rauscht. Die Fyline ist sehr viel gemütlicher. Sie gleicht vom Konzept eher einem Kettenkarussell mit leichtem Gefälle. Mit zwölf Kilometern pro Stunde, also etwa Schrittgeschwindigkeit, reist man sitzend und angegurtet durch die Baumwipfel. Ein Erlebnis für Halb-Mutige, eine Abfahrt zwischen Höhenkick und Genuss, ähnlich wie im Sessellift. Im schattigen Kurpark wartet dann noch der Generationen-Aktiv-Park mit Spielplatz, Brunnen, Blumen, Skulpturen und Minigolfplatz auf die ganze Familie.

Adresse Parkplatz an der L 346, 75328 Schömberg, www.waldflug.de, www.schoemberg.de | Anfahrt von Pforzheim auf der B 294 gen Süden, auf der L 343 über Langenbrand nach Schömberg, am südlichen Ortsrand an der L 346 parken | Tipp In Turmnähe gibt es einen interaktiv gestalteten Lehrpfad, den Weißtannen-Erlebnispfad Schömberg.

104__Der Bergsee

Das zweite Leben eines Steinbruchs

Steil aufragende rote Felswände, viel Wald und Grün drum herum, das alles spiegelt sich im ruhigen Wasser. Mal ist der Bergsee grünlich, mal bläulich und aufgewühlt oder sogar rötlich-braun. Gegenüber sieht man eine Felsenhöhle. Der Schatz vom Silbersee? Winnetou? Die Phantasie verselbstständigt sich hier im Sinzheimer Ortsteil Vormberg schon mal.

Rotliegend-Sedimente tauchen im Schwarzwald nur sehr selten auf, denn vielerorts liegen jüngere Ablagerungen aus Trias und Jura darüber. Hier, am Fremersberg, am Battert und zu beiden Seiten von Gaggenau tritt das Gestein jedoch zutage, es »streicht an der Erdoberfläche aus«, wie man es geologisch korrekt ausdrückt. Die Mächtigkeit schwankt zwischen über 1.000 Metern und 100 bis 300 Metern hier am Rand.

Im Bereich des heutigen Bergsees war das rund 300 Millionen Jahre alte Vorkommen leicht zugänglich und wurde deshalb schon Anfang des 19. Jahrhunderts im Steinbruch gewonnen. Zu Beginn des Zweiten Weltkrieges wurde dieser stillgelegt, und im etwa 15 Meter tiefen Abbaukrater entstand ein See aus Quellwasser. Bis 1970 badete man hier, seit den 1980er Jahren ist der See ein Angelrevier. Natürlich ranken sich Geschichten um ihn. Man munkelte, dass deutsche Soldaten Waffen auf der Flucht vor den Alliierten in den See geworfen hätten, und man fand versenkte Diebesgut-Tresore. Bereits 1914 gab es einen Bergrutsch der Abraumhalde, weshalb ein paar Familien umgesiedelt werden mussten. Es kam zum Glück nur zu Schäden an den Häusern.

Eine gewisse Dramatik hatte 2023 ein Felssturz an einem anderen Steinbruchsee, dem nahen Waldenecksee, der ebenfalls ein Angelrevier war, jetzt aber gesperrt ist. Eine etwa 30 Meter hohe verwitterte Felswand brach nach starken Niederschlägen ab, stürzte ins Wasser und verursachte eine Flutwelle, die Geröll und Karpfen zum Teil 500 Meter weit mit sich riss. Aber nun ruht auch dieser Bergsee wieder still.

Adresse Eichenweg, 76547 Sinzheim | Anfahrt B 3, in Sinzheim am südlichen Ende von Sinzheim abbiegen und der Bergseestraße bis zum Eichenweg folgen | Tipp Als Einkehr in der Vorbergzone sei die Straußenwirtschaft des Weinguts Nägelsförst empfohlen: 750 Jahre Weintradition, Weinverkauf ab Hof (Nägelsförst 1, www.naegelsfoerst.de).

105 Die Straubenhardthalle

Hier wird meisterlich geturnt

Es ist Wettkampftag, erste Bundesliga der Herren im Turnen. Man hat sich auf den voll besetzten Zuschauertribünen versammelt und steht ganz hinter der Vereinsmannschaft des KTV Straubenhardt. Und das zu Recht, schließlich gewann man 2023 zum wiederholten Male den Titel als Deutscher Mannschaftsmeister im Kunstturnen. Das Team ist brillant besetzt: Weltmeister, Europameister, Deutsche Meister, Vizemeister. Alles in allem wird in Straubenhardt auf Weltklasseniveau geturnt, und die Liga-Wettkämpfe sind ein wahrer Augenschmaus. Die Flugkurven der Athleten sind unfassbar, und schon in der Einturnphase, noch bevor überhaupt der Trikotanzug richtig sitzt und die Kampfrichter positioniert sind, erlebt man hier wahre Akrobatik.

Die Männer turnen an sechs Geräten: Boden, Barren, Ringe, Reck, Pauschenpferd und Sprung. Für das KTV-Teammitglied Lukas Dauser lief die Saison 2023 überragend gut, er wurde in Antwerpen Weltmeister am Barren und Sportler des Jahres 2023. Der letzte Deutsche, dem das gelang, war 2007 Fabian Hambüchen am Reck, der 2016 an diesem Gerät auch olympisches Gold erzielte. Auch er turnte einst für den KTV-Straubenhardt, ebenso wie Marcel Nguyen, ehemaliger Europameister und Silbermedaillengewinner bei den Olympischen Spielen 2012 am Barren und im Mehrkampf. Die gesamte KTV-Mannschaft glänzt mit Meistertiteln. Und auch die Turner der gegnerischen Mannschaften in der DTL turnen auf höchstem Niveau.

Im Alltagsbetrieb ist die Straubenhardthalle eine ganz normale Schulsporthalle, sie ist aber auch das Trainingszentrum der KTV Jugendturner. Ab fünf Jahren werden hier die jungen Talente gefördert, die nicht selten später zu den Leistungsstützpunkten in ganz Deutschland wechseln. Viele Unterstützer, Helfer beim Aufbau der Geräte, Sponsoren und treue Fans ermöglichen dieses High-level-Turnen, damit die Straubenhardthalle an Wettkampfwochenenden zur Halle des Staunens wird.

Adresse Pflugweg 3, 75334 Straubenhardt, www.ktv-straubenhardt.de | Anfahrt von Pforzheim über die B 294, in Neuenbürg Richtung Straubenhardt, auf der L 565 bis Conweiler, über die Albert-Einstein-Straße in den Pflugweg | Öffnungszeiten je nach Wettkampfzeiten | Tipp In unmittelbarer Nähe zur Sporthalle stehen zwei architektonisch interessante sogenannte »Hoffnungshäuser«. Dort leben Menschen mit und ohne Fluchterfahrung gemeinsam unter einem Dach – ein interessantes Konzept (Max-Planck-Straße, www.hoffnungstraeger.de).

106 Der Imbiss mit Aussicht

Da muss man einfach haltmachen

Weitblick, ein Turm, ein Leseraum, ein Segelflugplatz, ein Hotel, eine Pizzeria, ein Zauberberg und ein Wander- und Bikerparadies. An der Schwanner Warte gibt es alles für den perfekten Wochenendausflug – nicht zuletzt »Bratwurst Glöckle«. Ein klassischer Imbisswagen, ein toller Zwischenstopp für den kleinen Hunger und Durst unterwegs – für den großen ist auch alles als doppelte Portion zu haben. Bratwurst, Currywurst, Pommes, alles tipptopp. Hinterm Jägerzaun strahlt das Büdchen weiß mit gelber Markise, mit Stehtischen und Bierbänken unter schattigen Bäumen und Sonnenschirmen. Die Aussicht ist phänomenal.

Und natürlich ist da auch noch die Schwanner Warte. Ein kleiner Turm – er ist nur etwa 13 Meter hoch, die Aussichtsplattform sogar nur 8,5 Meter –, den zu besteigen trotzdem Spaß macht. Außen ist er weinrot, innen voller Graffiti, und er verfügt über einen tollen Ausblickschlitz. Der Turm steht auf 475 Metern Höhe am Westweg des Schwarzwaldvereins, man schaut von hier bis nach Karlsruhe hinunter. Sanfte Weite über dem Nordwesten der Schwarzwaldrandplatten. Der erste Turm wurde 1885 errichtet, er überdauerte aber nicht. 1926 baute man einen zweiten, der wurde im Zweiten Weltkrieg zerstört. Die heutige quadratische Konstruktion mit flachem Pyramidendach stammt von 1953.

Seit Neuestem, genauer gesagt seit Juni 2023, existiert der Trailpark Schwanner Warte, wodurch der Turm verstärkt zum Anziehungspunkt für Mountainbiker wird. Es gibt drei verschiedene Trails: die Flowline mit kleinen Sprüngen und Abschnitten für ein gutes Kurvengefühl, die Jumpline mit großen Sprüngen und Steilkurven und die Natureline mit relativ naturbelassener Waldstrecke. Es besteht Helmpflicht, Protektoren werden empfohlen, gute Fahrpraxis auch. Bergauf fahren oder die Strecke blockieren ist nicht erlaubt. Kurz: Einfach Rücksicht nehmen – auch auf spazierende Imbisswurst-Esser.

Adresse Mönchstraße 1, 75334 Straubenhardt-Schwann | **Anfahrt** von Pforzheim über die B 294, in Neuenbürg auf der L 565 Richtung Straubenhardt, in der Ortsmitte von Schwann auf der L 339 und zur Schwanner Warte | **Tipp** Für den gemütlichen Restaurant-Einkehrschwung sei das Lokal Zauberberg empfohlen: regionale Küche, tolle Aussicht, große Terrasse und immer mal wieder Livemusik am Abend (Mönchstraße 5).

107__Das Wasserschloss Glatt

Eine traumhafte Kulisse

Man staunt nicht schlecht, wenn man das Wasserschloss als einen der Hauptdrehorte des mysteriösen Schwarzwaldkrimi-Zweiteilers »Schneekind« erkennt. Das bezaubernde Renaissancegebäude ist eine der am besten erhaltenen Schlossanlagen in Baden-Württemberg und steht nach umfassender Sanierung nun glänzend als Kultur- und Museumszentrum da.

Im Ostflügel befinden sich das Schlossmuseum und das Adelsmuseum mit Exponaten, die vom einstigen Adelsleben erzählen. In der von 1811 stammenden Zehntscheuer kann man das Bauernmuseum besuchen, das Einblicke in den ländlichen Alltag und das bäuerliche Handwerk gibt. Und dann ist da noch die Galerie Schloss Glatt. Diese birgt ein Kunstmuseum und ist Ausstellungsort für regionale Künstler. Man ist außerdem bestrebt, hier eine Sammlung der Werke der Bernsteinschule zusammenzutragen und zu dokumentieren.

Diese Kunstschule wurde unter französischer Besatzung 1946 als private Kunstschule im ehemaligen Kloster Bernstein bei Sulz am Neckar gegründet. Eine Schule für Bildende Kunst, die für ein pädagogisches Konzept stand, das künstlerische und handwerkliche Fähigkeiten miteinander verband. Junge Künstler sammelten unter anderem Erfahrungen in Grafik, Typografie und Industriedesign und wurden über Auftragsarbeiten von Sponsoren unterstützt. Das ehemalige Kloster Bernstein ist heute das Hofgut Bernstein, ein landwirtschaftlicher Betrieb zwischen Obstbäumen und sanften Hängen mit Ferienwohnung und der restaurierten Klosterkirche als Ausstellungsraum und Konzertsaal.

Das Wasserschloss Glatt liegt sehr idyllisch mitten im Ort. Im Schlosspark stehen Skulpturen und eine Linde, die zwischen 380 und 450 Jahre alt ist und einen Umfang von 741 Zentimetern hat. Ein mächtiger und ehrwürdiger Baum innerhalb der Parkmauern. Dort findet man auch einen Spielplatz, eine Minigolfanlage und ein Imbisshäusle mit Außenbestuhlung.

Adresse Schloss 1, 72172 Sulz am Neckar-Glatt, www.schloss-glatt.de | **Anfahrt** A 81, Ausfahrt Sulz am Neckar, auf der L 409 in den Ort und weiter über Freudenstädter Straße, Keltenstraße und Hochgericht zum Wasserschloss | **Öffnungszeiten** April–Okt. Di–Fr 14–17 Uhr, Sa, So, Feiertage 11–18 Uhr, Nov.–März Sa, So, Feiertage 14–17 Uhr | **Tipp** In Dornhan liegt die Hofmetzgerei von Robin Ott, die er mit 23 Jahren direkt nach der Meisterschule eröffnet hat. Dort werden Produkte aus regionaler, artgerechter Haltung verkauft und mit jungem Elan verarbeitet (Obere Torstraße 14, www.hofmetzgereirobinott.de).

108_Die Kapfenhardter Mühle

Mit Rapsöltankstelle

Kommt man von Unterreichenbach, begegnet einem an der Kapfenhardter Straße lange nichts. Unten der Reichenbach, ansonsten nur Wald. Man ist eben mitten im Schwarzwald – und das spürt man auch. Bevor es über die Mühlsteige hinauf nach Kapfenhardt geht, biegt man zur Mühle ab. Die ehemalige Obere Getreidemühle mit kleinem Hoflädle ist nach vielen Betreibergenerationen mittlerweile dauerhaft geschlossen. Hier befindet sich nun das »Oldtimer-Werk« mit einem auf VW der 70er und 80er Jahre spezialisierten Ersatzteilhandel. Etwas oberhalb davon liegt das Vier-Sterne-Haus Mönchs Waldhotel.

Gegenüber hat sich an der Unteren Kapfenhardter Mühle nun ein Mühlenladen etabliert, mit Getreideprodukten, eigenem Mühlenbrot und hauseigener Rapsöltankstelle zum tagesaktuellen Preis, wie man das von Benzin und Diesel kennt. Der Hofladen gehört zum Landhotel Untere Kapfenhardter Mühle. Die Mühle erkennt man gleich als solche: Direkt neben dem Eingang steht am Reichenbach noch das riesige Mühlrad mit sieben Metern Durchmesser. Ein Traditionsbetrieb, der bereits 1260 urkundlich erwähnt wurde. Aus der Fuhrmannsschänke entwickelte sich später das Hotel und Restaurant, nachdem die Mahlmühle in ein anderes Gebäude verlagert worden war. Hier ist Platz für große Familienfeiern, aber es gibt auch gemütliche Stuben, in denen regionale schwäbische Spezialitäten, fangfrische Forellen aus dem eigenen Teich, eine Schlachtplatte von Tieren aus eigener Aufzucht, Schwarzwälder Schinken und frisches Wild serviert werden.

Bei der alten Mühle ist also ganz schön was los, obwohl drum herum so viel Waldesruh herrscht. Wenn man hier Station macht, kann man eine echte Auszeit erleben. Wer Waldspaziergänge mag oder gern Pilze sucht und hinterher zünftig speisen und auch nächtigen möchte, wird sich hier wohlfühlen.

Adresse Zu den Mühlen 5, 75399 Unterreichenbach-Kapfenhardt, www.untere-kapfenhardter-muehle.de | Anfahrt von Pforzheim auf der B 463 bis Unterreichenbach, dann der Kapfenhardter Straße bis zu den Mühlen folgen | Öffnungszeiten Mühlenladen täglich 9–20 Uhr | Tipp An der gegenüberliegenden Talseite geht es hinauf nach Bieselberg und zur Sternwarte, die auch Führungen anbietet (Termine unter www.sternwarte-bieselsberg.de). Ein gelungenes Familien-Übernachtungskonzept hält die dortige Dorfscheune bereit, mit Veranstaltungsraum und zwei Tiny-Houses (www.die-dorfscheune.de).

109 Die Fußballbrezel

Das »Sonnentor« von Roger Roitenstern

Die »Boomer«-Generation hat durch den Fußballer Jürgen Klinsmann gelernt, was ein echter »schwäbischer Kick« ist. Er wurde ein Botschafter der Region, lange vor der Zeit des Baden-Württemberger Slogans »Wir sind Süden«. Bei der Skulptur »Sonnentor« verbindet sich das noch zusätzlich mit dem urschwäbischen Kultgebäck, der Brezel – mehr geht nicht.

Am Marktplatz von Wiernsheim steht die gern als »Fußballbrezel« bezeichnete Bronzefigur. Sie wurde 2006 am Tag des ersten Fußball-WM-Spiels vor der örtlichen Bäckerei eingeweiht. Geschaffen wurde sie von Doina Erdei nach der Idee und dem Entwurf von Roger Roitenstern, einem gebürtigen Franzosen, der schon lange in Wiernsheim lebt und arbeitet.

Seine Kunst ist vielfach von der Brezel inspiriert. Er bezeichnet sich selbst als »Bäcker mit Zeichenstift«. So schuf er beispielsweise auch das Werk »Die Schwäbische Metamorphose«, das vor Jahren bei der Ausstellung »Die Schwaben. Zwischen Mythos und Marke« beachtliches Interesse weckte. Es ließ in mehreren Stufen und farbigen Sequenzen aus einer Brezel einen Mercedes-Stern entstehen, eine plakative Wandlung. Seine Drucke sendet er auch gern mal an Staatschefs oder den Papst und freut sich über Antwortschreiben. Eine Brezel hat keinen Anfang und kein Ende, umschreibt symbolisch eine liegende Acht – das Zeichen für Unendlichkeit – eine Backware mit Bedeutung also.

Zur »Fußballbrezel« wurde der Künstler durch eine Klinsmann'sche Brezel aus der Stuttgarter Bäckerei in Botnang angeregt, der elterlichen Back- und Kinderstube von Jürgen Klinsmann. Die Assoziation rief eine nach einem Fußball aussehende Brezel ins Leben. Dargestellt sind in der Skulptur die Beine eines den Ball kickenden Fußballspielers, dessen Oberkörper mit der Brezel verschmilzt. Da auch immer wieder Sonnenstrahlen hindurchleuchten und den Brezelmund zum Lächeln bringen, kann man sagen: »Brezel, Sonne, Tor«!

Adresse Am Marktplatz, 75446 Wiernsheim | Anfahrt A 8, Ausfahrt Pforzheim-Süd, auf der L 1135 bis Wurmberg, dann der Wurmberger Straße bis zum Wiernsheimer Marktplatz folgen | Tipp Gleich daneben befindet sich das Kaffeemühlenmuseum mit der größten Sammlung an Kaffeemühlen deutschlandweit. In dem 1711 erbauten Gebäude kann man sich sogar das Ja-Wort geben, Kaffee und Geschenke gibt es dort auch (Marktplatz 21, www.kaffeemuehlenmuseum.de).

110_Die Lützenschlucht

Wilder Wald mit einem Lützenkrokodil

Man ist an der Abzweigung links schnell vorbeigefahren, wenn man von Wildberg aus in Richtung Calw fährt. Taucht die Tankstelle an der Kreuzung nach Gültlingen auf, ist man zu weit. Der Waldparkplatz liegt direkt hinter der Gutleutbrücke über die Nagold am Kengelweg, aber auch dort hat man noch das Gefühl, falsch zu sein. Erst nach der Bahnlinienunterführung kommt Licht ins Dunkel, und man erkennt den engen Taleinschnitt. Man quert den Lützentalbach, passiert einen Grillplatz und stoppt. Ein Warnschild weist auf Risiken bei Nässe hin, Achtung Rutschgefahr! Betreten bei Sturm verboten! Festes Schuhwerk ist ratsam, bevor man den naturbelassenen Einstieg in die Schlucht anvisiert.

Die Stadt Wildberg hat eine 2,9 Kilometer lange Geo-Tour durch die Schlucht entwickelt: erst hoch, dann über den Eselsteig nach unten und an der Nagold entlang zurück. Sie hat auch eine informative Broschüre mit diversen Fragen und Antworten zu Geologie und Pflanzenvielfalt in der Lützenschlucht herausgegeben. Dort wird beispielsweise die Frage gestellt: Wer hat das »Lützenkrokodil« gebaut?

Die Schlucht gleicht einem kleinen grünen Urwald. Alles ist mit Moosen und Farnen bewachsen, dazu eine geheimnisvolle Felslandschaft aus Buntsandstein, Geröll- und Plattensandstein, durch die sich das Wasser seinen Weg gebahnt hat. Schwierige Stellen sind mit Holzgeländern gesichert, und am oberen Ende der Schlucht überquert man den Bach über eine solide Holzbrücke mit tollem Blick auf die roten Felswände und den Bachlauf mit seinen kleinen Wasserfällen.

Doch zurück zum Krokodil: Man wandert direkt an seinem Maul vorbei – aber es hat leider immer wieder Zahnausfall. Nur Kinder, die fleißig Steine sammeln, können für neue Zähne sorgen! Die Schlucht wie auch das Krokodil sind durch Erosion entstanden. Weicheres Material wurde nach und nach ausgespült, die härteren Sandsteinblöcke hielten stand.

Adresse Waldparkplatz, Kengelweg, 72218 Wildberg | Anfahrt von der B 463 etwas nördlich von Wildberg in den Kengelweg | Tipp Eine weitere empfehlenswerte Schlucht ist die Xanderklinge mit dem Krabba-Nescht als Einkehrziel (Holzbronn, Bannstraße 7, www.krabba-nescht.de).

111 Die Magerwiesen

Mehr Mäh geht nicht

Es ist ein alter Hut, dass Wildberg eine Schäferstadt ist. Aber warum? Auf der Wildberger Hochebene gibt es ausgedehnte Magerrasenflächen und solche, auf denen sich maschinelle Landwirtschaft aufgrund zu ausgeprägter Hanglage nicht lohnt. Wie steil es hier ist, wird auf dem Weg von der Hochebene am Bulacher Weg zur Nagold hinunter klar, wenn auch mit schönem Blick auf Wildberg. In diesen Lagen kommen die wolligen Rasenmäher zum Einsatz. Ein toller Anblick, so eine große Schafherde.

Das sogenannte »Heckengäu« ist eine von Menschen und Weidetieren geformte Kulturlandschaft. Die Schafherden halten schwer zugängliche Steilhänge wie am Sulzer Eck frei und schützen so die dortigen Wacholderheiden und Streuobstwiesen. Alle zwei Jahre findet der Schäferlauf in Wildberg statt, ein großes Brauchtumsfest und immaterielles Kulturerbe der UNESCO.

Die Stadtschäferei betreibt Familie Bauer auf dem Aussiedler-Schafhof im Kengel schon in der neunten Generation, mit vielen hundert Schafen, Hütehunden und Winterfutteranbau. Angefangen hat in Wildberg alles mit den Schafherden des Klosters Reuthin. Diese mussten tagsüber auf die Weiden – gesichert von Hunden oder durch mitgeschleppte Zäune –, unterwegs getränkt und abends wieder in den Stall gebracht werden. Und dann war da noch das Scheren, das lange Zeit Frauenarbeit war. Das war körperlich anstrengend, aber die Wolle brachte gutes Geld – bis synthetische Stoffe und die australische Konkurrenz auf dem Vormarsch waren. Man züchtete dann die Schafe auf Fleischproduktion um. Die Wolle wird natürlich weiter genutzt und verkauft, zum Beispiel als Merino-Wolle.

Ein wichtiges Standbein der Schäferei ist mittlerweile die geförderte Landschaftspflege. Der Schäfer lehnt heute nicht mehr auf seinem Stock und behält die Herde im Auge, denn es gibt viel zu tun auf so einem Schafhof, und die Tiere sichert ein Elektrozaun.

Adresse Schäferei Bauer, Schafhof im Kengel, 72218 Wildberg | Anfahrt B 463 bis Wildberg, weiter nach Effringen, in die Straße Am Rain abbiegen, dann Auf dem Schafwasen auf die Hochebene | Tipp Die Parkanlagen am ehemaligen Kloster Reuthin mit Meierei, Spielplatz und kleinem Heimatmuseum sind ein schöner Ort zum Verweilen. Hier befindet sich auch der Festplatz des Schäferlaufs.

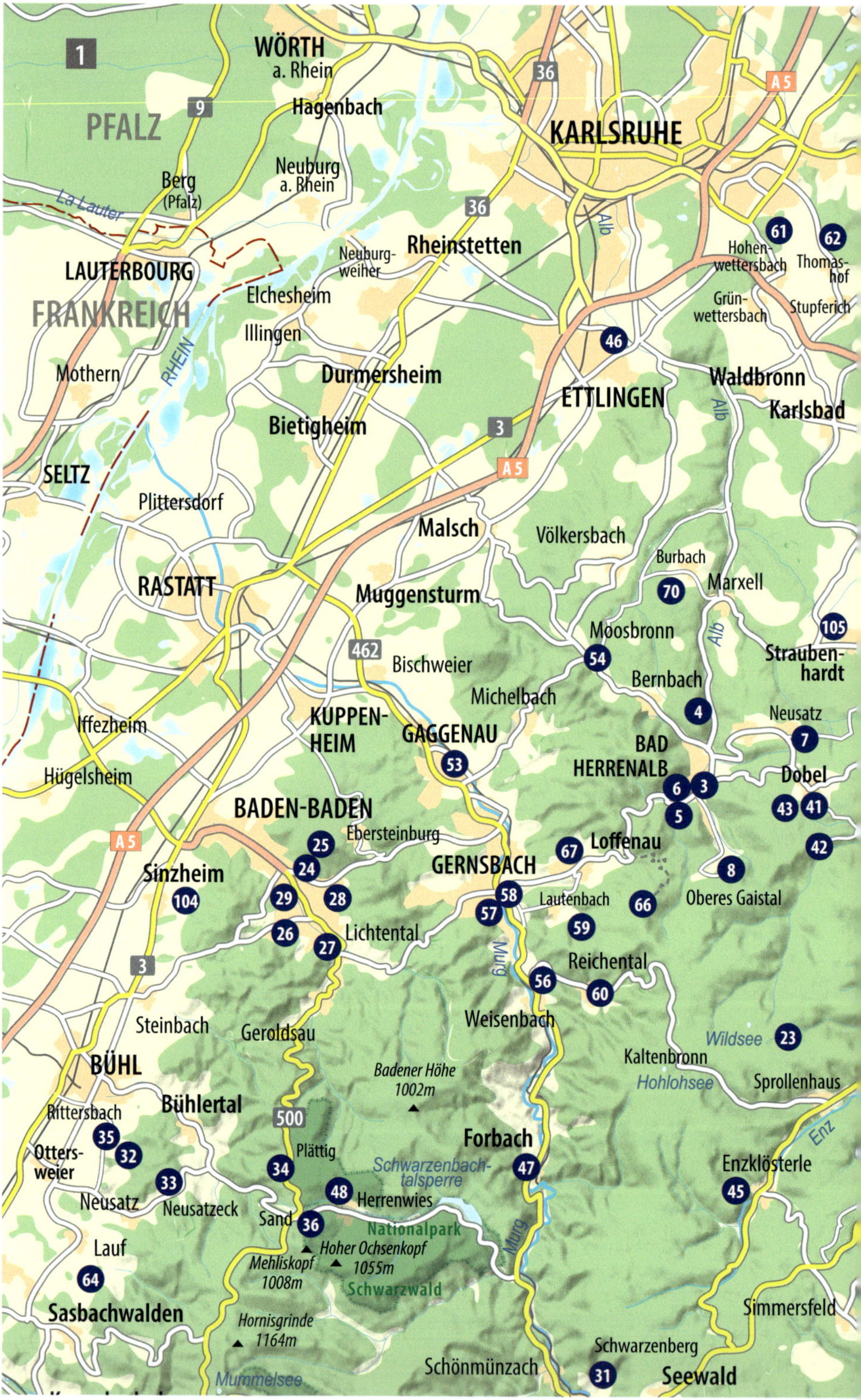
1
PFALZ
WÖRTH a. Rhein
Hagenbach
KARLSRUHE
Neuburg a. Rhein
Berg (Pfalz)
La Lauter
LAUTERBOURG
FRANKREICH
Neuburgweiher
Rheinstetten
Elchesheim
Illingen
Hohenwettersbach
Thomashof
Grünwettersbach
Stupferich
Mothern
RHEIN
Durmersheim
Bietigheim
ETTLINGEN
Waldbronn
Karlsbad
SELTZ
Plittersdorf
Malsch
Völkersbach
Burbach
Marxell
RASTATT
Muggensturm
Moosbronn
Straubenhardt
Bischweier
Bernbach
Michelbach
Iffezheim
KUPPENHEIM
GAGGENAU
Neusatz
BAD HERRENALB
Hügelsheim
Dobel
BADEN-BADEN
Ebersteinburg
GERNSBACH
Loffenau
Sinzheim
Lautenbach
Oberes Gaistal
Lichtental
Reichental
Murg
Alb
Steinbach
Geroldsau
Weisenbach
Wildsee
Kaltenbronn
BÜHL
Badener Höhe 1002m
Hohlohsee
Sprollenhaus
Bühlertal
Rittersbach
Ottersweier
Plättig
Forbach
Enz
Enzklösterle
Schwarzenbachtalsperre
Neusatz
Neusatzeck
Herrenwies
Sand
Nationalpark
Hoher Ochsenkopf 1055m
Mehliskopf 1008m
Lauf
Schwarzwald
Sasbachwalden
Simmersfeld
Hornisgrinde 1164m
Schwarzenberg
Schönmünzach
Seewald
Mummelsee

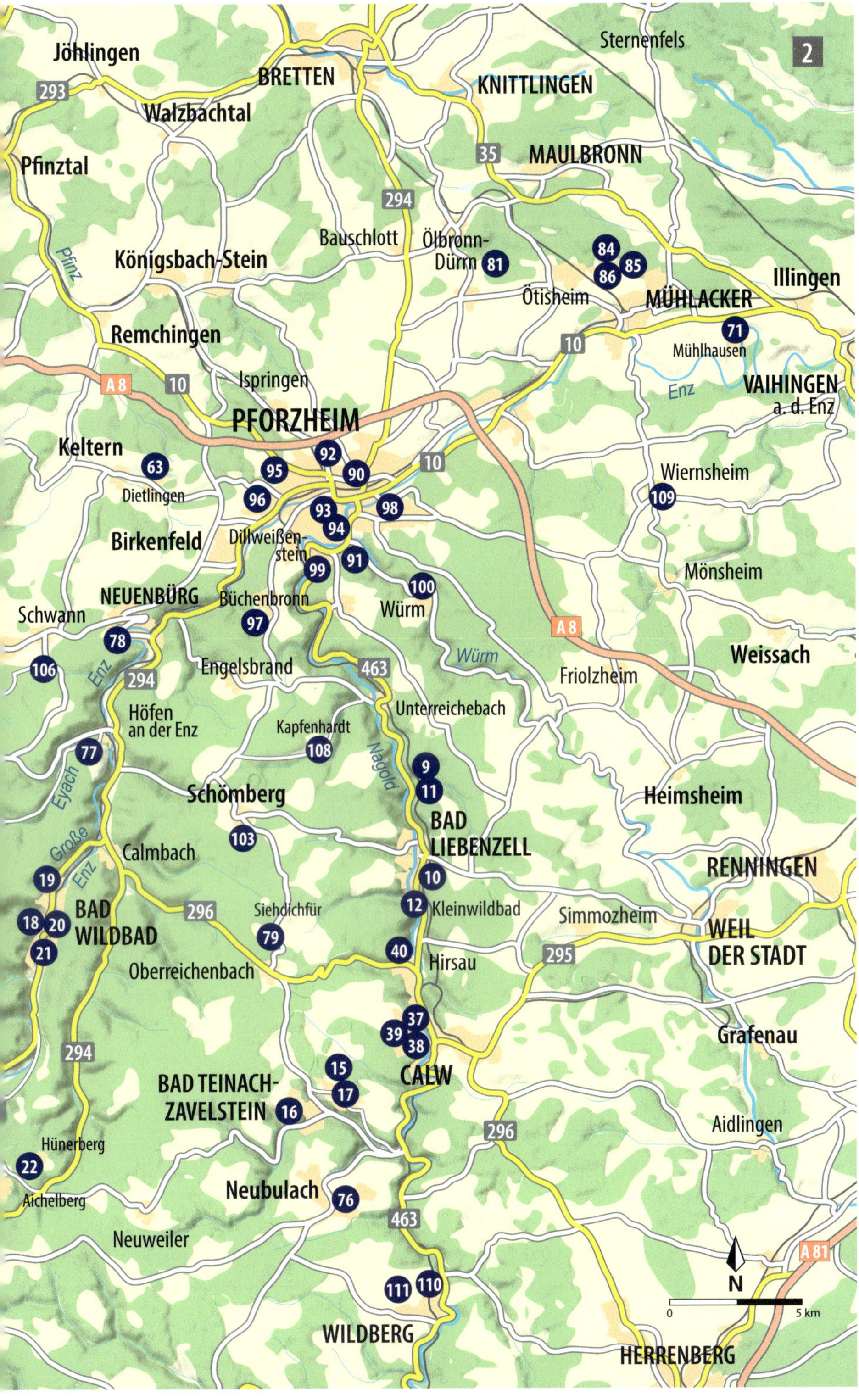
2
Jöhlingen
293
Walzbachtal
BRETTEN
KNITTLINGEN
Sternenfels
35
MAULBRONN
Pfinztal
294
Bauschlott
Ölbronn-
Dürrn
81
84
85
86
Illingen
Pfinz
Königsbach-Stein
Ötisheim
MÜHLACKER
71
Mühlhausen
Remchingen
10
A 8
10
Ispringen
Enz
VAIHINGEN
a. d. Enz
PFORZHEIM
92
90
10
Keltern
63
95
Dietlingen
96
93
98
Wiernsheim
109
94
Birkenfeld
Dillweißen-
stein
91
99
Mönsheim
100
NEUENBÜRG
Büchenbronn
Würm
Schwann
97
A 8
78
Engelsbrand
463
Würm
Weissach
106
Enz
294
Friolzheim
Höfen
an der Enz
Unterreichebach
Kapfenhardt
108
77
Nagold
9
11
Eyach
Schömberg
Heimsheim
BAD
LIEBENZELL
Große
103
Enz
Calmbach
RENNINGEN
10
19
BAD
WILDBAD
12
Kleinwildbad
Simmozheim
18
20
296
Siehdichfür
WEIL
DER STADT
79
21
40
Hirsau
295
Oberreichenbach
37
39
38
Grafenau
294
15
CALW
BAD TEINACH-
ZAVELSTEIN
17
16
296
Aidlingen
Hünerberg
22
Neubulach
76
Aichelberg
463
Neuweiler
A 81
N
111
110
0
5 km
WILDBERG
HERRENBERG

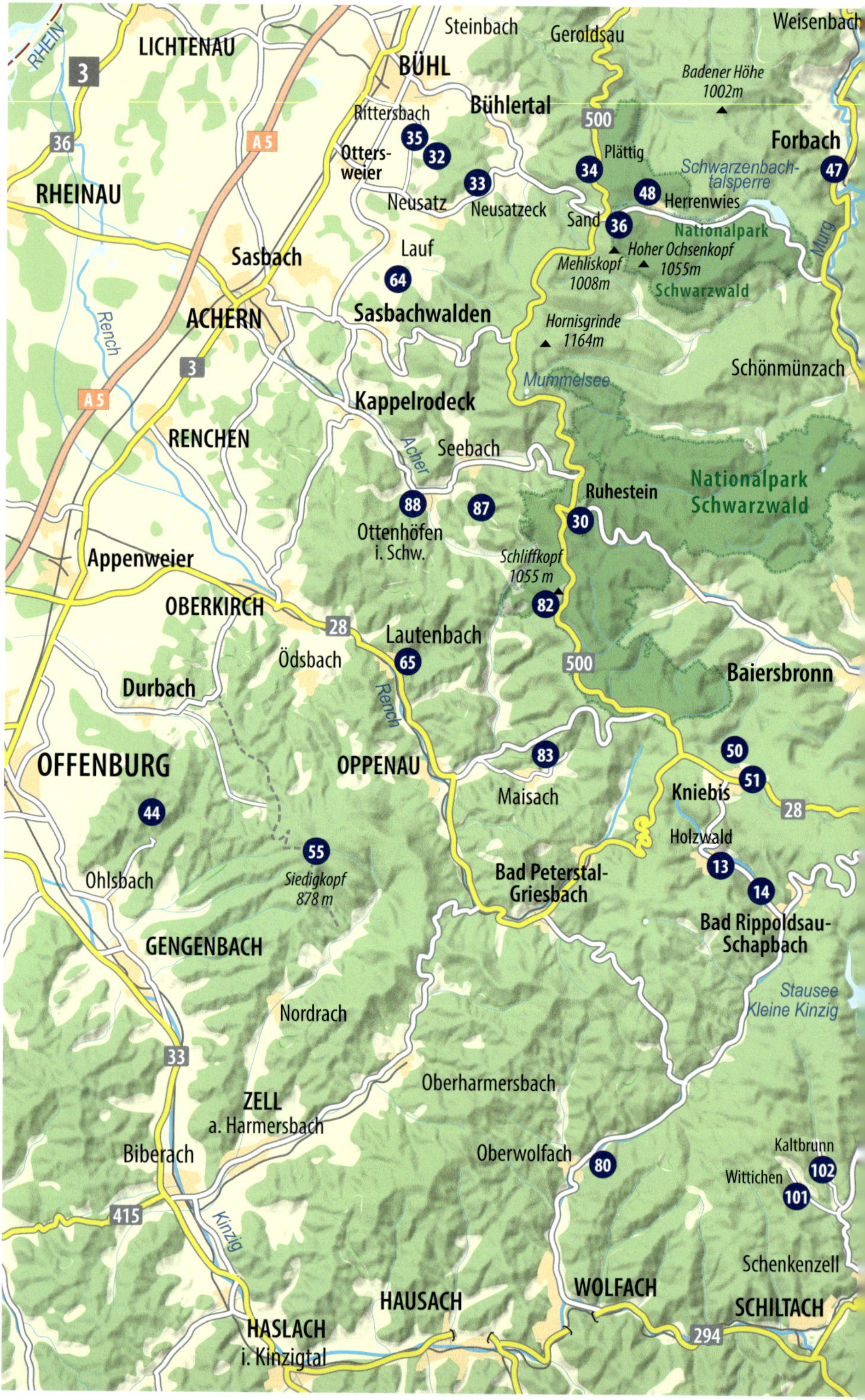

RHEIN
3
LICHTENAU
Steinbach
Geroldsau
Weisenbach
BÜHL
Badener Höhe
1002m
Rittersbach
Bühlertal
500
36
A 5
35
32
Otters-
weier
Plättig
34
Forbach
47
Schwarzenbach-
talsperre
RHEINAU
33
48
Herrenwies
Neusatz
Neusatzeck
Sand
36
Nationalpark
Sasbach
Lauf
Hoher Ochsenkopf
1055m
Mehliskopf
1008m
Murg
64
Schwarzwald
ACHERN
Sasbachwalden
Rench
Hornisgrinde
1164m
3
Schönmünzach
Mummelsee
A 5
Kappelrodeck
RENCHEN
Seebach
Acher
Nationalpark
Schwarzwald
Ruhestein
88
87
30
Ottenhöfen
i. Schw.
Appenweier
Schliffkopf
1055 m
OBERKIRCH
82
28
Lautenbach
Ödsbach
65
500
Baiersbronn
Durbach
Rench
OFFENBURG
83
OPPENAU
50
51
Kniebis
Maisach
44
28
Holzwald
55
13
Ohlsbach
Siedigkopf
878 m
Bad Peterstal-
Griesbach
14
Bad Rippoldsau-
Schapbach
GENGENBACH
Stausee
Kleine Kinzig
Nordrach
33
Oberharmersbach
ZELL
a. Harmersbach
Kaltbrunn
Biberach
Oberwolfach
80
102
Wittichen
101
415
Kinzig
Schenkenzell
WOLFACH
HAUSACH
SCHILTACH
HASLACH
i. Kinzigtal
294

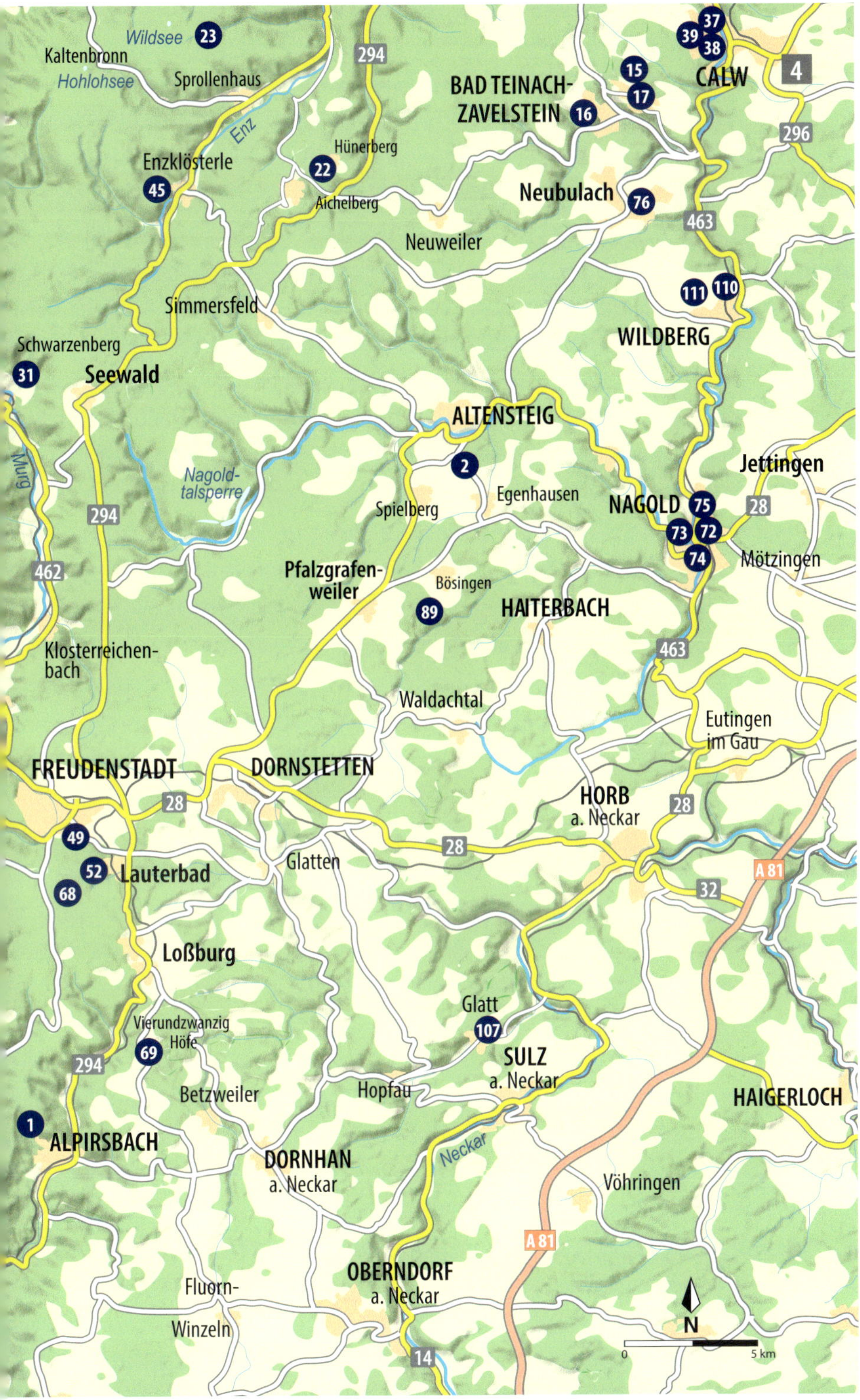
Wildsee
23
Kaltenbronn
Hohlohsee
Sprollenhaus
294
BAD TEINACH-
ZAVELSTEIN
16
15
17
37
39
38
CALW
4
296
Enz
Hünerberg
22
Aichelberg
Enzklösterle
45
Neubulach
76
463
Neuweiler
111
110
Simmersfeld
WILDBERG
Schwarzenberg
31
Seewald
ALTENSTEIG
2
Jettingen
Murg
Nagold-
talsperre
Egenhausen
NAGOLD
75
73
72
74
28
Spielberg
294
Mötzingen
462
Pfalzgrafen-
weiler
Bösingen
89
HAITERBACH
463
Klosterreichen-
bach
Waldachtal
Eutingen
im Gau
FREUDENSTADT
DORNSTETTEN
HORB
a. Neckar
28
28
28
49
52
Lauterbad
68
Glatten
28
A 81
32
Loßburg
Glatt
107
Vierundzwanzig
Höfe
69
294
SULZ
a. Neckar
Betzweiler
Hopfau
HAIGERLOCH
1
ALPIRSBACH
Neckar
DORNHAN
a. Neckar
Vöhringen
A 81
OBERNDORF
a. Neckar
Fluorn-
Winzeln
N
0
5 km
14

Kirsten Elsner-Schichor
111 Orte in Karlsruhe, die man gesehen haben muss
ISBN 978-3-7408-1804-3

Hans-Peter Joseph Mayer
111 Orte in Heidelberg, die man gesehen haben muss
ISBN 978-3-7408-1981-1

Barbara Goerlich
111 Orte auf der schwäbischen Alb, die man gesehen haben muss
ISBN 978-3-7408-2366-5

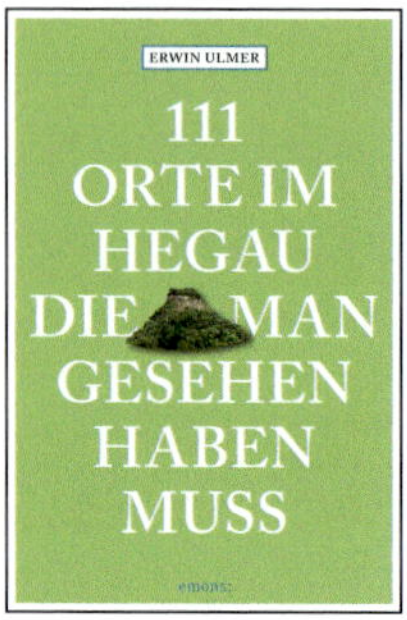

Erwin Ulmer
111 Orte im Hegau, die man gesehen haben muss
ISBN 978-3-7408-2117-3

Regina Urbach
111 Orte in Speyer, die man gesehen haben muss
ISBN 978-3-7408-1508-0

Gabriele Kalmbach
111 Orte im Stuttgarter Umland, die man gesehen haben muss
ISBN 978-3-7408-1651-3

Gabriele Kalmbach
111 Orte in Stuttgart, die man gesehen haben muss
ISBN 978-3-7408-0974-4

Erwin Ulmer
111 Orte in Ulm um Ulm und um Ulm herum, die man gesehen haben muss
ISBN 978-3-7408-1482-3

Gertrud Steiger, Joachim Steiger
111 Orte im Odenwald, Spessart und an der Bergstraße, die man gesehen haben muss
ISBN 978-3-7408-1512-7

Ralf H. Dorweiler,
Daniela Bianca Gierok
111 Orte im Südschwarzwald, die man gesehen haben muss
ISBN 978-3-7408-1082-5

Barbara Goerlich
111 Orte in und um Reutlingen, die man gesehen haben muss
ISBN 978-3-7408-1085-6

Ute Blessing
111 Orte im Remstal, die man gesehen haben muss
ISBN 978-3-7408-1356-7

Barbara Rieß
111 Orte in Freiburg, die man gesehen haben muss
ISBN 978-3-7408-1073-3

Erwin Ulmer
111 Orte in Oberschwaben, die man gesehen haben muss
ISBN 978-3-7408-0860-0

Barbara Rieß
111 Schätze der Kultur im Schwarzwald, die man gesehen haben muss
ISBN 978-3-7408-0555-5

Cornelia Lohs
111 Orte in Mannheim, die man gesehen haben muss
ISBN 978-3-7408-0554-8

Marion Rapp
111 Schätze der Natur rund um den Bodensee, die man gesehen haben muss
ISBN 978-3-95451-619-3

Eva Grubmiller, Martina Neher
111 Schätze der Natur auf der Schwäbischen Alb, die man gesehen haben muss
ISBN 978-3-7408-0248-6

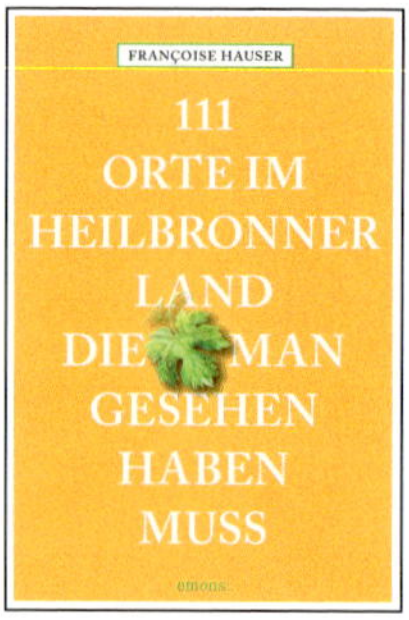

Françoise Hauser
111 Orte im Heilbronner Land, die man gesehen haben muss
ISBN 978-3-95451-842-5

Karin Blessing
111 Schätze der Natur im Schwarzwald, die man gesehen haben muss
ISBN 978-3-95451-701-5

Katharina Sommer
111 Orte in und um Tübingen, die man gesehen haben muss
ISBN 978-3-95451-852-4

Cornelia Ziegler
111 Orte in und um Baden-Baden, die man gesehen haben muss
ISBN 978-3-7408-0134-2

Erwin Ulmer
111 Orte an der oberen Donau, die man gesehen haben muss
ISBN 978-3-95451-494-6

Barbara Krull
111 Orte am Kaiserstuhl, die man gesehen haben muss
ISBN 978-3-95451-562-2

Thomas Baumann
111 Orte in der Kurpfalz, die man gesehen haben muss
ISBN 978-3-89705-891-0

Joachim Steiger, Gertrud Steiger
111 Orte im Kraichgau, die man gesehen haben muss
ISBN 978-3-95451-232-4

Dietlind Castor
111 Orte am Bodensee, die man gesehen haben muss
ISBN 978-3-7408-2232-3

Regula Tanner
111 Orte im Berner Oberland, die man gesehen haben muss
ISBN 978-3-7408-2199-9

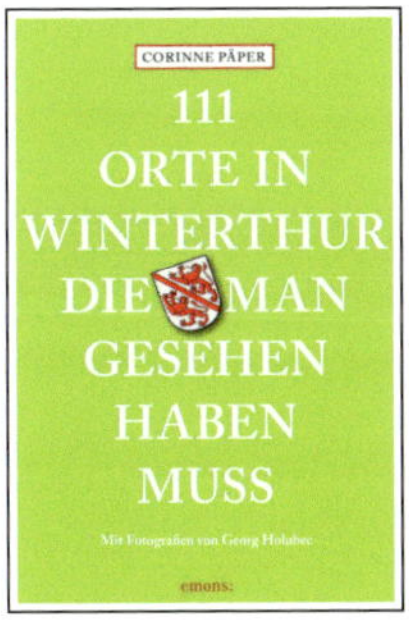

Corinne Päper
111 Orte in Winterthur, die man gesehen haben muss
ISBN 978-3-7408-2132-6

Cornelia Lohs
111 Orte in Bern, die man gesehen haben muss
ISBN 978-3-7408-2000-8

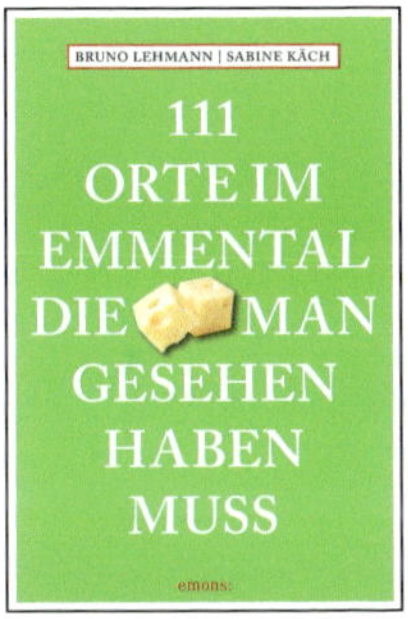

Bruno Lehmann
111 Orte im Emmental, die man gesehen haben muss
ISBN 978-3-7408-1517-2

Oliver Zwahlen
111 Orte in Zürich, die man gesehen haben muss
ISBN 978-3-7408-1381-9

Nina Kobelt, Silvia Schaub
111 Orte in St. Gallen, die man gesehen haben muss
ISBN 978-3-7408-1447-2

Benjamin Amiguet,
Marc Voltenauer
111 Orte in den Waadtländer Alpen, die man gesehen haben muss
ISBN 978-3-7408-1466-3

Sonja Muhlert
111 Orte in und um Biel/Bienne, die man gesehen haben muss
ISBN 978-3-7408-0340-7

Ursula Kahi
111 Orte im Aargau, die man gesehen haben muss
ISBN 978-3-95451-537-0

Kirsten Elsner-Schichor, Jahrgang 1967, stammt aus Bremen, studierte Kartografie in Karlsruhe und blieb. Heute wohnt sie mit ihren beiden Kindern in einem Bergdorf-Stadtteil von Karlsruhe. Seit ihrem Studium arbeitet sie frei für Reisebuchverlage und Touristiker, erstellt Landkarten, Illustrationen, Layouts und Texte. Im Emons Verlag erschien unter anderem »111 Orte in Karlsruhe, die man gesehen haben muss«.